外星人選中的科學家

外星太空戰計畫

Selected by Extraterrestrials: My life in the top-secret world of UFOs, Think Tank, and Nordic secretaries

3

我在極機密的幽浮世界、智庫和北歐秘書的生活

威廉・米爾斯・湯普金斯
(William Mills Tompkins)◎著
傅鶴齡◎譯

我爲美國國家航空暨太空總署(NASA)作土星計劃
1965年8月，我們首次成功發射了阿波羅土星C-1最小的系列太空船

第一位 公開 與外星人一起工作的科學家
揭露外星人統治地球的訊息以及控制人類思想的方法

震撼推薦 ◆依姓氏筆畫排序◆

方仲滿 香港飛碟學會　創會／現任會長
林中斌 《大災變》作者，前國防部副部長，曾任華府喬治城大學講座教授
周介偉 光中心創辦人
周　健 中國文化大學史學系副教授
樓宇偉 美國麻省理工學院博士
劉寶傑 東森關鍵時刻主持人

目次

前言（Preface） 009
致謝（Acknowledgments） 012
推薦序 013
譯者序 029
序言（Prologue） 033

第一章 高層發現他的超能力——從默默無聞到萬中選一 047
我的家庭成員和親戚對我能夠接觸這領域的影響深遠。我的父親不僅僅是公司總裁，他還是共濟會三十三級以上的神秘高級會員。另外，叔叔哈丁曾帶我前往埃及的金字塔參觀，據說他們的任務就是破解象形文字……

第二章 「洛杉磯空襲之戰」——親眼目睹美國第一次大戰外星 UFO 058
在珍珠港事件發生三個月後的某一個晚上，我、哥哥、爸爸在海邊租屋處陽台上看見了一道亮光。該亮光在海洋上由上而下傾斜照射約 30 度角。突然，這道光改變了方向，直接照在了我們身上……
1. 被選中了…… 058
2. 洛杉磯空襲、道格拉斯飛機公司和蘭德秘密智庫 061

第三章　以海軍之名，行調查外太空軍事力量之實——掩人耳目的官方單位　064

我在海軍情報部門擔任了一個有關於先進技術的秘密職位。我的秘密任務和目標是「飛機研究和訊息的傳播者」。我白天的工作是飛機機械師，但夜間的秘密工作是參加從德國回來的情報官員（也就是間諜）的匯報會議。我得向指導總工程師、一位海軍上校，和海軍將軍里克·博塔報告我的秘密任務……！

1. 與海軍里克·波塔將軍的訪談　065
2. 宣傳雅利安統治　067
3. 歷時四年的機密調查　069
4. 全機場關閉，配合海軍上將的飛機降落　072
5. 作為快遞員的近距離通話飛行　076
6. VRIL 和 1443　077
7. 非雅利安人的滅絕　080
8. 德國精神控制　081
9. 延長壽命，生產飛碟　083
10. 回顧 TRW 的秘密計畫　085
11. 納粹正遷往南極洲　087

第四章 美國海軍太空站計畫——重新設計彈道飛彈防禦 089

為了完成「太空中途」的任務，我們的設計需要發射和回收各種類似航天器的戰鬥機、攻擊機、遠程偵察機、人員和建築飛船。該航天器需要使用全電子發射／回收系統。它使用了磁推力裝置操作，以進行起飛和回收，如給 TRW 繪製的草擬圖所示……

1. 參與耐克（Nike）——防空飛彈防禦系統計畫 089
2. TRW 和彈道導彈防禦 095
3. 美國海軍太空戰計劃 100

第五章 所知甚少的月球——有「人」已經住在上面 102

正如你們已經知道的那樣，早在一九六九年，太空人和任務控制中心之間的任何對話中都沒有聽到這些內容。這是因為中央情報局審查了所有內容，並將其歸類為「最高機密」。我在洛杉磯的一個私人工作室，觀看了未審查過的電視紀錄和來自登月的錄音音頻。我所看到的是，在著陸時，宇航員首先穿上……

1. 我的疑問、推測和想法 102
2. 我的證詞：我聽到或看到的第一手報導 106
3. 關於月球結構的證詞 108

第六章 TRW——既期待又怕受傷害的神祕智庫團 113

什麼是 TRW ?它不僅僅只是一個智庫，它是所有智庫中的智庫。TRW 太空園區位於一個兩側有半英里長的方形區內。因此，太空園區的面積為四分之一平方英里。它的西邊是北航空大道、東邊是韋爾街、北邊是海洋街、南邊是曼哈頓海灘大道。裡頭聚集著許多厲害的科學家，研究項目種類也非常多，從研究人們常搭乘的飛機系統，到星球大戰武器的系統都有。

1. 宇宙的極限 120
2. 偷渡成功的納粹德國科學家 122
3. 齊柏林飛艇與太空作戰的類比 126
4. 秘密雷射武器系統是如何以及何時開發的？ 129
5. 星球大戰武器系統 132

第七章 TRW——參與的遙視工作 134

遙視始於冷戰初期，當時幾名 Ramo-Wooldridge 和 DAC/RAND 人員試圖在武器系統規劃大腦會議期間，通過思想激活心靈感應投影概念。有時，這些遠程視觀眾會關注蘇聯工程師如何設計類似類型的武器系統。遠程觀察者可以建立鎖定一個目標，甚至可以聽到俄羅斯工程師，談論他們在製造或測試先進導彈系統時遇到的問題。

1. 在 TRW 的遙視工作 134

2. 遙視和鮑比・雷・英曼 137
3. 涉及 TRW 的科幻電影 140
4. TRW 試圖建造埃及金字塔 142
5. 外星化學戰 142
6. 海邊照片和外星氣體 144
7. 涉及延長壽命的計畫 146

第八章　TRW——推翻舊能源的推進系統研究計畫 149

正如 TRW 安全總監所說，自二戰以來，TRW 已經設計、建造並連續測試了將近五十個不需要依賴石油或天然氣的發電系統。這讓我想起當時相信即使某些測試被證明是成功的，但有人會向齒輪扔扳手（意指故意）並停止整個計劃程序。這清楚地表明了國際彼爾德伯格／三邊委員會／兄弟會獨裁控制的影響。任何與其計劃議程相衝突的系統都將被停止。

1. 喬・帕普是否有利用自由能工作的引擎？ 149
2. 地面交通系統的歷史是什麼？ 153
3. 石油集團如何再次獲得勝利？ 158

第九章　TRW——一目十行也讀不完的外星種族知識 161

在道格拉斯的智囊團裡，每年我們都認為我們已經對幽浮一清二楚了，但每隔幾個月後，就會有更多關於外星人的數據被揭露，導致發現我們發現大部分推論基礎都是不正確的。我們最初只知道幾種不同種類的外星人，比如可能有兩種類型的灰人。後來事實證明，我們隨後發現有十一種的灰人類型，而各個種類都有不同的任務和目的……

1. 外星知識的涉略 165
2. 秘密組織社團團體 171

第十章 外星隧道——人類一定要了解的外星科技 181

我們的空軍隧道挖掘機利用了外星人先進的隧道技術（直徑一五〇英尺）。它們將鑽穿的所有岩石和材料原子化，並將其轉化為光，因而不會有碎片，這是我們做不到的。與更大的外星隧道相比，空軍隧道的直徑只有四十英尺，同時部分真空有懸浮磁軌道和接近超音速運行的外星列車。

1. 後來在 TRW 的經歷 192
2. 海軍上尉的報告 192

第十一章 俄勒岡之謎——意外的時空穿梭？ 195

某一天一如往常，起床後在我早晨的盥洗中，發現我的手機裡顯示有一個語音郵件，這是前一天晚上留下的。這是一個女性的聲音，說海軍聯盟的軍官都被邀請參加下週的晚宴，其他信息將在稍後通過郵件送達。這一切都很離奇，因為她沒有表明自己的身份，也沒有留下電話號碼……

1. 我在沙斯塔山上被時空傳送了嗎？ 199
2. 在我們被綁架的期間，到底發生了什麼事情？ 202

第十二章　截至目前為止——人們必須要知道的秘辛 203

迴紋針行動是二戰後設立的一項計劃，旨在將有才華的德國科學家帶到美國，幫助我們開發原子彈和導彈計劃。不幸的是，杜魯門總統讓國會通過了一項法律，禁止任何納粹分子進入美國。但這不是問題！他們的納粹身分很容易就可以從他們的人事記錄中刪除。然後這些“清理過的”文件會用迴紋針附夾在他們的舊記錄之上……

1. 美國的迴紋針計劃，對美國來說是好還是壞？ 203
2. 這個共濟會之謎是什麼？ 205
3. 我過去的共濟會印象 208
4. 我如何看待企業貪婪陋習？ 210
5. 邪惡的人是如何變成銀河系的奴役？ 211
6. 「二十歲後」計劃如何運作？ 213
7. 五十年後我的北歐秘書出現了嗎？ 214
8. 我近期的工作：朱姆沃爾特（Zumwalt）計劃 215
9. 比爾・湯普金斯（Bill Tompkins）的雜項筆記 217

前言／羅伯.M. 伍德博士（Robert M. Wood, Ph.D.）

比爾．湯普金斯（Bill Tompkins）多年來他一直在腦海裡寫自己的自傳，這本書是第一本他生命中早期幾個時代，從童年時期到一九六〇年代末，他受聘於湯普森．拉莫．伍爾德里奇公司（Thompson Ramo Wooldridge, TRW）的故事。

我於二〇〇九年十一月二十四日第一次見到比爾，當時他用幾個小時濃縮了生活故事。令我興奮的事情之一是，他曾在一九五〇年至一九六三年在道格拉斯飛機公司（Douglas Aircraft Company）工作，而我也曾於一九四九年、一九五〇年和一九五三年夏天在道格拉斯飛機公司工作，又從一九五六年一月起直到一九九三年退休。他和我有六年的重疊時間，但彼此沒有相遇，因為最初他是一名在地面支援電子公司（Ground Support Electronics）工作的製圖員，而我自從進公司以來很少接觸過空氣動力學和熱力學以外的問題及人員。儘管如此，我們有同樣的副總裁及彼此都認識的朋友，特別是曾在「智庫（think tank）」中與他一齊工作過的關鍵人物，如埃爾默．惠頓（Elmer Wheaton）和他的德國科學顧問沃爾夫岡．克倫佩勒（Wolfgang B. Klemperer）。

他工作的故事與我記得的完全一致，儘管我並不知道當時在那個地方還有一個智庫。例如，我們都在為空軍研究雷神導彈（Thor missile），為陸軍研究耐克宙斯防空導彈（Nike Zeus）及為美國國家航空暨太空總署（NASA，爾後文中即作 NASA 稱）作土星計劃。

他向我展示了這本自傳的一些草稿，我很清楚比爾雖然在他的思想和言語中表達得非常清楚，但卻從未出過書。他問我是否願意幫助他完成他的第一本自傳出版，當然也提供一部分報酬。更多的是我想了解他的故事而不是錢，我們成了朋友，因為他告訴我越來越多有關不明飛行物、外星人技術、性感的北歐秘書、海軍宇宙飛船的載體、阿姆斯壯看到了月球和其他秘密的東西，以及他在工作中做了什麼令人難以置信的事情。

對於那些試圖精確遵循本書時間表的人，你可能會發現一些時間錯誤。例如，在阿波羅計劃正式開始之前，就有一些相關的資料。有可能是作者記成了後來用於發射阿波羅土星的合同時間。比爾書中的大多數人來自他的記憶，我們很少有人能記住大約四十年前的事情，除了再參考其他資料。我們正在閱讀一位男人回顧六十多年前的想法／回憶，誰在這裡和那裡提供見解和回憶，但有時候也會時空錯亂。

現在，你可以閱讀有關其職業生涯的驚人細節，並穿插其中他個人與相關人員的互動。

我被指責為陷入「我自己不喜歡，也從來沒有遇過的陰謀。」比爾的生活故事處於可信與不可信的邊緣，但在本書中，我完全相信他誠實地講述的故事。幸運的是，比爾保留了一些支持這個故事的照片和文件，都在相關的章節中。它們確實提升了本書作者神奇生活的可信度。

羅伯 .M. 伍德博士 於康乃爾大學

Robert M. Wood, PhD Cornell University

（以上為二〇一五年版前言）

三版（或二〇二〇版）補充

外星人選中的科學家：我在不明飛行物絕密世界、智庫和北歐秘書間的生活的讀者：

新版改變主要如下：

附圖清晰／尺寸變小但增加清晰度

插圖下字體改黑粗體

增加英文速找目錄

改進文法及標點錯誤

調整相關字體大小以更易讀

原作者比爾．湯普金斯（Bill Tompkins）於二〇一七年八月二十一日已去世，之後由我來完成上敘之修訂

編輯　羅伯 .M. 伍德博士

二〇二〇年九月三日

致謝

對我美麗的妻子瑪麗（Mary）：我從未停止過感謝上帝把你賜於我。每一個眼神，每一次觸碰，和我們分享的每一個吻，你是我生命的奇蹟，讓我的生活比我想像的更快樂。你是我的閃亮之星。我永遠的愛。

我還要感謝鮑勃·伍德（Bob Wood），他決定幫我的第一本書做見證，讓讀者對本書有可讀性，再來是對林·斯坦利（Rim Stanley）深深感激，他的大氣允許這個手稿出版；還有我的家人：我們的兒子鮑比（Bobby），雖然他已不在，但永遠和我們同在；特里（Terry），我們的女兒、她的丈夫，哈普（Hap），孫子，托尼（Tony）和孫媳史婍（Ski）；我們的曾孫，約瑟（Josh），偉大的孫女，陶爾（Tore），我們的另一個兒子，迪恩（Dean），他的妻子，米雪（Michelle），我們的孫子，丹尼爾（Denial），孫女，泰勒（Taylor）和我的兄弟湯姆（Tom）。我希望有一天，他們都能更近地看星星。我也對林（Rim）的妻子艾莉森（Alison）和他們令人難以置信的兒子羅伯特（Robert）深表感激，希望我們另一個家也能更近地看星星。

推薦序／那就是我寫的！

有外星人嗎？

在美國，這議題被政府壓制，遭媒體嘲笑、被學院排擠至少有七十年歷史。此狀況，在今年六月廿五日開始改變。

美國「國家情報首長辦公室」公布與外星人有關的幽浮報告「初步評估——未明空中現象（UAP即幽浮的別名）」。這報告分析四〇年至今年三月共一一四起多為海軍觀察到的「不明空中現象」。報告文字雖未提外星人，但美國政府已向正式承認外星人存在邁前一步，因為報告不排除幽浮科技來自外星。

美國政府公開這份對幽浮「初步評估」側面的反射一項重要的事實。那就是美府數十年來對人民大規模的蒙蔽了相關的訊息。

其實在二〇〇八年七月廿二日，阿波羅十四登陸月球的艾德格．米契爾博士（Edgar Mitchell）接受電台訪問表示，外星人已好幾次接觸人類，但美國政府隱瞞此事已達六十年。當時七十七歲的他說幽浮多次造訪地球，但事後都被美國航太總署（NASA）所掩蓋。對於米契爾的爆料，航太總署立刻澄清說從未跟蹤幽浮，並稱米契爾是位了不起的人，但在此事上我們有不同看法。

「難以相信！」

這是讀者看到此書《外星人選中的科學家：外星秘密工作計畫》難免的反應。雖然大多數人對於外星人的存在已不排斥，但此書內容太震撼了。

例如，珍珠港事變後三個月，一九四二年二月廿五日夜，美國西岸洛杉磯天空七千英尺高度出現多達十二座大型飛船，美國發射高射砲 1,430 發，無濟於事！這是當時廿歲作者親身目睹的景象，和他日後參與美國軍方所獲得的資料。

又如一九六九年美國太空人阿姆斯壯登陸月球，電視機差點就照到閃在一旁的六座太空船！這是作者參與美國極機密的太空計畫獲得的資訊。

此書原文上冊在二〇一五年出版，下冊二〇二〇年出版。作者威廉・米爾斯・湯普金斯（William Mills Tompkins），二〇一七年以九十四歲高齡過世。

他面貌祥和睿智，晚年曾數次接受艾美獎獲獎的調查記者 Linda Moulton Howe 女士電視訪問。他出書前對一般美國而言，並不陌生。而對航太圈的專家而言，他是名人。此書內容雖然具有爆炸性，網路上航太圈對此書事實的呈述和資料的引用居然未見質疑。倒是此書所描繪不同類別太空人與美國政府以及二戰時納粹德國的合作、太空人之間的較勁等等，引發讀者許多的迷惑和不解。

此書翻譯者空軍少將博士傅鶴齡留學美國專攻航太，也是極力促成此書出版的原動力。他涉獵太空人研究數十年，雖然幽浮及太空人議題在正式科學界長久以來並非顯學，甚至還遭排擠批判。

一九九六／九七年冬天，剛回國的中斌有幸首度與素昧平生的傅將軍博士會面。他聊到青海托速湖東岸半島的砂岩石洞有上億年前與砂粒一起沉積的金屬管。意涵是人類出現在地球久遠之前，已有某種文明在此活動。中斌倍感興奮的說一九八〇年代初期在美國曾經剪報一篇世界日報的長文，所說正是此事。傅將軍博士的回答，至今難忘：「那就是我寫的！」

此書對於研究美國安全外交的中斌提供了全新的資料和角度。成立於一九四八的非營利智庫蘭德公司（Rand Cooperation）如今是美國對中國戰略政策重要的機構。一般了解是它的來源和美國空軍有關。沒想到此書點出蘭德最早叫蘭德計劃（Project RAND）成立於一九四五年十二月，是美國研究對付幽浮外星人威脅而成立的極機密機構，許多要角來自美國海軍。此外，美國加州眾多飛機公司如 Lockheed 、Douglas Aircraft、TRW 等在二次大戰後都機密的開始研究外星人和人類向太空的發展，甚至規劃未來人類向外太空星球的移民！我相信不同的讀者從此書會獲得不同的心得。

這是值得推薦的奇書。

《大災變》作者，前國防部副部長，曾任華府喬治城大學講座教授

林中斌　二〇二一年八月十八日

推薦序／外星文明和人類公開見面的日子近了

第一手親身的揭秘，爆料了可靠詳實的官方（美國政府）接觸及研究外星UFO科技的歷史資訊，也證實了之前一些模糊的傳聞~例如：人類政府和外星文明早有接觸和簽訂協議等。看來外星文明和人類大眾公開見面的日子很近了，我們都將目睹參與這一切。

光中心創辦人　周介偉

推薦序／用探索的心情享受這本精彩的奇幻科技歷史！

因為有共同的航太研發與產業背景，加上我與傅鶴齡博士對於較為先驅科技相關主題的興趣，我們在兩年多前就已經幾乎同時知道與購買了這本與外星文明相關的航太產業獨特傳記型的著作。所以當今年稍早被傅博士告知他願意花時間將此書翻譯為中文，讓華人讀者了解到這兩年因為美國軍方於二〇一八年起放棄將所有外星主題相關消息「機密化」或「否認化」的新聞與趨勢背景，我當然是非常支持，並且很高興為同行朋友作推薦序。

這本二〇一五年出版的英文原著，因為它有作者於二戰時親自參與德國飛碟等科技情報分析，隨後他在美國道格拉斯航太公司從事海軍星際艦隊系統與基地初始設計，以及隨後在另一家航太系統公司觀看現場直播未經刪節的美國一九六九年首次登月影像（看到一般觀眾無法看到的外星艦隊！），已經是留下非常獨特的「航太圈內人」的科技歷史珍貴記錄。作者並且在二〇一七年逝世之前兩年內，以93／94歲高齡接受了很多次電視與網路訪問，更進一步的提供了他個人第一手的對於外星文明與人類互動關係的宏觀與人性觀點，讓我們不必從零開始學習，節省了大家很多自行整合需要的時間。由於他的公開揭露，可能也促成了美國軍方在二〇一七年底開始，經由紐約時報（NYT）與紐約人（New Yorker）雜誌……等媒體，透露美海軍在21世紀遭遇的三起航艦戰機飛行員用攝影機紀錄下來的幽浮事件報導與影片？！

作者製作模型的熱情、純淨的初心與直觀的能力，讓他自然的成為能夠跳脫一般直線思考與專業習性的系統創新人員，讓他在沒有大學文憑的身分下，卻能夠平等的表現甚至超越很多有博士學位同儕的能力，被長官與產業領袖人物所氣重。這也顯示出美國這個國家在部份關鍵科技與管理領域，容許獨特思維與突破創新者生存的強大生命力。同時作者也在很多與國家安全與軍事機密相關的領域尊重了法規要求，讓讀者只能知道大致的系統發展內容（對大部份人已經足夠），但卻無法真正獲得任何技術性內容。如果我們能夠自行去鍛鍊禪修與內觀的心靈技巧，說不定還更能參破作者對於心電感應、遠距遙視與北歐美女等等書中情節的心境與秘密？！

由於外星人種與文明存在這主題是人類必須面對的事實，在未來一段時間內會發生由美國軍方退休人員與美國情治單位試圖經由好萊塢電影與經過篩選的消息來導引大眾情緒產生「對於未知的恐懼」（不是英國科學家霍金死前已經警告大家別接觸嗎？！）與試圖增加所謂「國家安全預算」（甚至把所有外星勢力當作人類文明的敵人？！）撥款的熱鬧自肥行動後。大家仍然要根據事實真相與人文價值來判斷我們人類應該如何來面對這樣的嶄新情勢，而且這與我們東方文明老早就知道的「修心與道德」與「三千大千世界，一切唯心所造」相關！本書中有關「白帽與黑帽」對立的兩種外星文明種類的說法，固然不能說是錯誤解釋，但是它更可能反應的是西方習慣於二元對立思維習慣的價值觀，是人類過去300年來主流西方價值的對人類意識型態看世界影響的結果。要不然為什麼書中有多次提到：當20世紀初期北歐有一千多個人嚮往星際旅行的白帽團體，卻無視於納粹勢力的興起，變成了為黑帽勢力服務的力量？！

希望你能夠用探索的心情與我們一起享受這本精彩的奇幻科技歷史！

如果讀者讀完本書之後仍然對書中的說法好奇，並且想要由其他觀點了解這重要的未來主題，這裡有一系列相關的參考資料可以考慮：

中文書籍：

Don Elkins：UFO解密 1975 英文 2017 中文

Leslie Kean：飛碟 2010 英文 2011 中文

英文書籍：

Edgar Mitchell/Rudy Schild等：Beyond UFO 2018

Stanley Fuldham: The Challenges of Changes 2010

Nick Cook: The Hunt for Zero Point 2002

美國麻省理工學院博士　樓宇偉

推薦序／讓證據說話，讓科學佐證，透過真實的故事讓UFO這個話題免於怪談的命運！

很多人聽到「關鍵時刻」，馬上就聯想到外星人，「哦，這是一個專門講外星人的節目」。很多來賓接受專訪時，還會特別問一下，「會問外星人嗎？」，但這樣深刻的印象並非節目開設之初的目的，二〇〇七年四月開始這個節目的時候，完全沒有想到會跟外星人有任何關聯，最後走上UFO之路，跟傅鶴齡老師有著極密切的關係。

外星人的討論在台灣從來不是大眾媒體的主軸，談UFO，談神秘事物向來只是人們茶餘飯後的閒談，是鄉野節目吸引特定觀眾的話題。二〇〇七年關鍵時刻開播時，只是有一個原則，跳脫既有政論節目非藍即綠的架構，不要再侷限政治討論的框框，任何有趣的話題都可以嘗試。

二〇〇七年七月四日剛好是《羅斯威爾事件》六十周年，製作單位提出這個題目，當時我連什麼是羅斯威爾事件都搞不清楚，但看了資料覺得有趣就大膽嘗試，沒有想到收視異常的漂亮，就義無反顧的投入鑽研，此時很感謝傅鶴齡老師的加入，才讓UFO外星人成為關鍵時刻的招牌。

既然外星人的話題如此引人入勝，既然這個話題有這麼多的愛好者，連CNN之前最叫座的談話節目《賴瑞金現場》收視最好的一集就是請軍方的退休人員談論神秘的外星事物。為什麼在台灣永遠只在邊陲的角落討論，其中最關鍵的因素就是是否具備充足的科學人證、事證與物證。

台灣主流媒體不碰，因為覺得那不科學，虛假成份太高，不值得一談，但問題是，這些年來已經有很多的人證、事證、物證，一一浮現，傅鶴齡老師在這個議題上之所以重要，就是他用資料、照片、官方文件串起一個個 UFO 的現象，剛提到的羅斯威爾事件，傅老師不但看了資料，還親自去了羅斯威爾的現場，連當地的棺材店的老闆，傅老師都有訪談，這種第一手的資料充滿吸引力與說服力。才讓關鍵時刻的外星人題目受到觀眾的支持。

最讓我驚訝的是，傅老師有一張與美國前總統卡特的合照，還有卡特看到外星 UFO 的報告書，那是他在一趟旅程在飛機上看到卡特，興奮的與他合照，但傅老師最好奇的還是卡特的 UFO 經驗，由此可以看出他對神秘事物，對 UFO 現象有多麼痴迷。

傅老師翻譯的新書《外星人選中的科學家──外星秘密工作計畫》就是一本討論外星人非常重要的書籍，維持他的一貫風格，讓證據說話，讓科學佐證，透過真實的故事，具體的調查與查證，這才能讓 UFO 這個話題免於怪談的命運，這可以看出傅老師的執著與熱忱。

東森關鍵時刻主持人　劉寶傑

推薦序／宇宙大同世紀或世界末日？

題辭：「The eternal mystery of the world is its comprehensibility...
The fact that it is comprehensible is a miracle.」
（「The most incomprehensible fact about the universe is that it is comprehensible.」）
～愛因斯坦（Albert Einstein, 1879-1955）～

地球在宇宙中猶如一粒肉眼看不見的灰塵，你我皆是上面的細菌。大宇宙的遼闊，實已超出人類的想像。人人皆怕孤寂，如果咱們是浩瀚宇宙中唯一的生靈，未免太浪費空間。「諸天訴說神的榮耀，穹蒼傳揚祂的手段。」（《舊約全書》：詩篇：十九：1）古印度的宗教經典，記載每個星球上均存在著各種型態的生物，亦各有不同層次的文明程度，卻受限於遙遠的距離，難以進行交流。

地球像溫室（greenhouse），可能是外星高等生物的實驗室。一神論（monotheism）者宣稱上帝掌控歷史的遞演，乃「歷史之神」，但何以會讓不公不義的情事層出不窮？瘟疫與戰爭的存在，彰顯健康與和平的可貴，雖為「必要的惡」（necessary evil），但代價太高。

透過回齡催眠術，從前世的經驗中，獲悉某些人是從其他的星球投胎轉世到地球，其中以火星為大宗，能寫出從未學過的火星文，甚至會說火星語，卻無法翻譯。

疇昔的歷史，永遠有挖不完的內幕，普羅大眾所認知的歷史，多為改良版的官方文獻，與民間所知的真相相去甚遠。除官修的正史之外，鄉鎮志與筆記小說，常透露許多不為人知、欲蓋彌彰的史實。史學家扮演法官的角色，不放棄任何可疑的線索，以查個水落石出。

「神說，我們要照著我們的形像，按著我們的樣式造人。」（《舊約全書》：創世記：一：26）「神的兒子們看見人的女子美貌，就隨意挑選，娶來為妻」（創世記：六：2）但耶穌自稱是神的獨生子，比對舊約與新約，產生矛盾。

《舊約全書》中的以西結書，乃聖經幽浮學的起源。猶太教（Judaism）是歷史上最早的一神教，但聖經上的神是複數，而且有許多兒子，耶穌是另外的兒子嗎？神學家和傳教士殫精竭慮只聚焦在道德教條上，對歷史與考古上的疑問，以及超自然現象避而不談，更不提耶穌曾經失蹤十八年（12—30歲）的神秘情事。

各國政府對凡涉及幽浮和外星生物的訊息，均列入國家最高機密，只允許極少數菁英分子研究。若大量公開，必定天下大亂，傳統的宗教信仰恐怕會崩潰。太空探測的內幕驚世駭俗，科幻小說常出現預言式的情節，卻往往成真。

納粹德國、美國和俄羅斯，古早就跟外星生物暗通款曲，可能簽過密約，如電路板、魔鬼氈、電晶體、雷射，均係外星高科技產物的移植。而美國所掌握的技術最多，默許彼等採集標本，如動物虐殺事件、人類失蹤事件，甚至有集體失蹤的現象，都成無頭公案。

坊間盛傳美國有影子政府（shadow government）存在，係由軍方（尤其是空軍）和情報單位組成，甚至將總統蒙在鼓裡，白宮並非真正發號施令的中心。該組織比共濟會（Freemasons）更難滲透，成員若洩密，可能會神秘死亡（多為車禍）。跟51區（Area 51）的人員一樣，在退休之後，或至耄耋之年，才會透露彼等所知的內情。

霍金（Stephen William Hawking, 1942-2018）曾經警告，勿向太空發射電波，以免洩漏地球的位置，若遭遇邪惡、好戰的外星生物入侵，人類恐無招架之力。麥克阿瑟（Douglas MacArthur, 1880-1964）亦言，第三次世界大戰將是星際大戰，因他在戰場上見過幽浮。

外星生物來自內太空、外太空和未來（經過時光隧道），依其外型分類，已達一百餘種，幽浮也有一百餘種，而且新的物種仍不斷出現。未來可能會在國家最高的學術研究機構，成立幽浮學（ufology）與外星生物研究所，兩百餘國的軍隊當組成保衛地球的聯軍，為捍衛人類文化而戰。

科幻小說虛中有實，實中有虛，對某些敏感的主題，往往點到為止。宗教信仰最大的功能，是在超越對死亡的恐懼，如果人人皆長生不死，宗教立馬失去存在的價值。吾人無法想像，屆時世界將會呈現何種面目。

搜尋地外文明計劃（Search for Extra-Terrestrial Intelligence, SETI），耗費國家龐大的預算，美國的國會議員抨擊，航太工程大量燒錢，是否值得？

跟外星生物來往，恐怕未蒙其利，反受其害。假如某些大型宗教的創教者，是來自其他星球的高等生物，所謂神蹟，也不過是高科技合成的特效，並無道德內涵，只是為傳播彼等的文明，「為賦新詞強說愁」（南宋．辛棄疾〈醜奴兒．書博山道中壁〉）而已。

每個星球均各有其歷史，未來歷史與地理課本的內容會爆量，如：水星史、金星地理、火星文明史等，學生大概會變成大頭呆，拼命填塞紛至沓來的大量資訊。修業年限也可能不得不延長，假如平均壽命未增加，接受學校教育的時間勢必水漲船高。

二戰初期，德軍在歐洲戰場勢如破竹，在發動不列顛之戰以前，蓋世太保（Gestapo, 秘密警察）已擬定英國戰犯的名單，一旦征服英國，將予以逮捕，進行思想改造，甚至處決。凡是榜上有名的英國公眾人物，關心自己的排名，因從敵人的眼中，可評估自己的份量，而榜上無名者，證明毫無影響力，豈不應重新做人。

目前，全球人口已屆80億，誰最有資格代表人類，跟外星生物哈拉，甚至談判，達文西、愛因斯坦、特斯拉（Nikola Tesla, 1856-1943）應為首選。

通靈者言，月球乃「artificial」的星球，背面內凹，有防護罩，讓人類誤認是圓形。在其他的星球上挖掘稀有金屬，可大發一筆橫財，但運費昂貴，是否划算？隕石多為鐵質，有強大的磁力，係以克拉，而非公克計價。人類的任何作為皆隱含自利的色彩（包括傳教），征服世界不過像蝸角之爭，有本事的話，去征服宇宙。

遠古時代擁有高科技的外星人，多被當作神明崇拜，曾經秀出27項「神蹟」的耶穌，乃其中的佼佼者。地球上凡有重大事件發生的現場，通常會有幽浮出現（如二戰時日本的廣島與長崎，在原子彈爆炸之後）。

古羅馬人是否曾邂逅來自金星的金髮碧眼、高顏值，猶如北歐日耳曼人的生物，才將金星命名為Venus？因神話之中亦有相當的真實性。人類文明的躍昇，是否有外星人介入進行基因改造？而美、俄兩國航太事業的研發，均受納粹德國的影響，希特勒與德意志第三帝國雖掌握尖端科技，但因政略錯誤，導致戰略失敗，終成「諸神的黃昏」（Götterdämmerung），亦即「失去的勝利」。

外星文明到底比地球先進多少？相關的數據實不易拿捏。但彼等能超越空間中令人畏懼的遙遠距離，即足以證明比咱們進步，至於這些高等生物（或生命）有無宗教信仰？有無靈魂？可享陽壽多長？社會階層組織（stratification）為何？皆已超出人類的想像。

曾旅居其他星球的地球人，返回之後，多三緘其口，或被官方警告，不得透露任何訊息。人間的機密無所不在，從個人的隱私，到公司的業務機密，再追溯到政黨和政府的最高機密，似乎均無法跟情治單位的神祕檔案相提並論。

希伯來人自稱「上帝的選民」（Chosen People），卻遭遇三千餘年的苦難。作者成為「外星人的選民」，可能是前世有緣，或者是三生有幸，並非是冤親債主前來討債。

吹哨者隨時會面臨「被消失」的危險。民間幽浮研究社團會被官方視為眼中釘，好像搶走政府的「生意」，研究者也會被情治單位盯上。愛因斯坦在美國終生都被嚴密監視，因一直被懷疑是納粹間諜，雖然他是猶太人。

佛經上記載，人類係來自光音天，乃外星生物的後代。太空探測不啻是滿懷思鄉情結的尋根之旅，具體化為現代太空人充滿危險的行程，強烈影響後半生的人生觀及價值觀，相關的訊息恐怕會被鎖碼，只限高層專業人士查閱。

飛行員（包括軍方及民間）目睹幽浮的機率最高，由於經過專業訓練，誤判的可能性較低。法國政府曾公開，典藏有關幽浮現象六千多個個案，超過十萬頁的檔案。許多國家的空軍將領亦坦承幽浮的存在，乃不爭的事實，卻因避免引起人心的恐慌，只是欲語還休，點到為止。

地球中空論（Hollow Earth Theory）與月球中空，可作比較研究。月球是被捕捉的行星，自轉和公轉相同，可謂行為怪異。月球對人類文明的發展具有宰制性，如陰曆（lunar calendar），至今希伯來曆法及伊斯蘭曆法仍使用。

此外，尚對精神和心靈有神秘的影響力，如月圓之夜，情緒比較不穩定，甚至錯亂，此即精神異常（lunacy）作祟，故犯罪率較高，狼人（werewolf）會現出原形，吸血鬼（vampire）亦大力推廣捐血運動。

本書附罕見且珍貴的插圖，著實讓幽浮迷驚艷。一張圖片可抵千言萬語的說明，值此「後文字」時代，精美的圖片對讀者有致命的吸引力。

外星生物的航空器，超越光速飛到地球，已打臉光是宇宙間最快物質的理論。在墜毀的幽浮裡，未曾發現水和食物，或許彼等並非有機體，可能是生化或機器的直立狀生物，與有機的人類差異甚大，不過暫時姑且稱其為外星「人」而已。

在茫茫人海裡，黑衣人（man in black）行蹤詭異，在關鍵時刻，會介入人間的事務，完成「上級」交付的任務。跟外星生物一樣，喜怒哀樂不形於色，IQ高於人類，從外貌上難以判斷真實的年齡。閣下身邊若有前述特徵的人物出沒，不妨留意一下。

萬法歸宗，殊途同歸。天文學與生物學是自然科學領域中，最富有美感者。人人若有天文學的基本素養，則心胸開闊，目光不會如豆，能超越島國居民的狹窄性（insularism, insularity），培養正確的宇宙觀（自然觀）、國際觀、人生觀和人死觀，才能成為真正的「世界公民」（citizen of the world）（蘇格拉底首創）。

環顧宇宙萬物，多為「物以類聚」，即使在靈界亦然。凡心性相近（或臭味相投）者，遲早會一見如故，或許是前世有緣（並非孽緣），一切盡在不言中。

鶴齡吾兄，以航太背景的專業素養，投入幽浮學的研究，常有鞭辟入裡的真知灼見。草民乃濫竽充數的業餘涉獵者，從人文學的視角，聚焦地外文明對人類傳統價值觀的衝擊。

結論是人格特質的塑造，乃主觀（內在的知識體系〈syntax of knowledge〉）和客觀（外在的時空環境）的條件所構建。

探討超越人類認知範圍之外的神秘現象，需要各領域的專家學者，進行群醫會診，才能捕捉一二。受地理條件的制約，國內的學術界甚為保守。研究敏感（甚至牽涉國安）的主題，會被視為非正統和非主流的門外漢。猶記古早以前，某位有才子之稱的天文學者，一直否認幽浮的存在，幾至無法溝通的地步。

「高學歷，高偏見」，被「所知障」蒙蔽雙眼，如同無知，甚為不可思議。鶴齡兄跟在下，恐經常會招人以異樣的眼光打量，碰觸被禁忌的領域，吃力不討好。但隨人類認知範疇的不斷擴大，會證明咱們並非「怪力亂神」，係站在正確的一方。

今喜見有新書出版，應邀撰寫序言，大力推荐之。不為咱們數十年的相濡以沫擦脂抹粉，而是開門見山地面對難以預測的未來世界。

中國文化大學史學系副教授　周健　序畢

譯者序／神奇的科幻之旅在最關鍵的時刻透過作者的奇遇，奇書就此開始！

早在我去美國唸書之前我只是對 UFO 有濃厚的興趣，但興趣還不到去做一些如找資料以及找一些證據事情。一九八一年到了美國密西根大學唸書期間有機會與美國藍皮書計畫的顧問海尼克博士多次的見面與聊天，他告訴我在羅斯維爾 UFO 的故事，同時跟我講了許多有趣的事情，這些有趣的事情促使我在以後念博士期間特別前往羅斯維爾一看究竟，經過系統性的觀察發現幽浮並不只是科幻小說中的情節，可能有一大部分是真的，但是這真的事情為什麼美國正式的機構一再的否認？

一直到我發現這一本書，也就是我翻譯的這本書裡面才敘說了一些以前斷斷續續的事情，但是這本書卻很有系統的把它講出來，所以我決定要把這本書介紹給華人的世界。這本書全書一共二十八章，但是出版社希望先出前面的十章然後再出後面的章節。

書中的作者是一個奇人，為什麼說是奇人呢？因為他從小就有超凡的記憶力，不但過目不忘而且還能夠把它畫下來，這是他被美國海軍選上以及被外星人選上的主要原因，外星人也透過他傳遞了很多消息給他；同時在這本書裡面也講述了我們外面的人很少知道的美國航太界的內幕，我們中科院在研發戰鬥機以及地對空飛彈的時候曾經從通用動力公司引進所謂的系統工程的管理技術，用以管理複雜以及龐大的計劃，但是在這本書裡面可以發現美國在一九四五年的時候就已經在運用這個技術發展他們的所謂先進科技，書中所談論的系統工程的手法跟我在交通大學教授的系統工程非常的相同，這是我把這本書介紹給大家另外一個原因。

書中的作者有很多奇遇，這些都不是你我現在可以想像得到，至少在現在是無法實現的，但是誰知道明日的事實就是今日的科幻？誠如海尼克博士跟我聊天的時候說，如果我們現在來看一個核能發電廠認為是很平常的事，但是如果在一百多年前跟你談核能發電，人家會不會以為你是個瘋子呢？而且根據二〇二〇年四月，美國國防部發布了三段由海軍飛行員拍攝的「UFO」錄影帶，顯示美國已經能夠用影像抓到快速飛行的不明飛行物體，這表示什麼呢？表示過去美國之所以否認不明飛行物，是因為他們沒有辦法證明他們的存在，但是現在科技逐漸的發達他們已經用影像證明他們的存在，但是不是美國已經具有了利用逆向工程仿照他們的技術呢？在這本書裡面提到了很多這方面的東西，書中提到的反重力系統或許就是說明 UFO 飛行器？所以這是一本奇書。

作者的奇遇創造了作者在航太發展設計先進武器的技術，所以說這是一個奇人；他的奇遇，造就了這本奇書。

希望這本書能夠提供大家新的領域並且希望大家用接納的心情來接受這種似幻非幻的技術。因為誰知道在若干年以後反重力的系統會成為今天我們看核能電廠技術一樣的平常？同時成為事實？科技的發展是不可預測的，因為今天我們認為很奇特的東西尤其是我們中國有五千年的文化，我們很多的技術都是因為沒有仔細的推敲沒有仔細的研究而埋沒在人群之中。

這本書裡面提到的很多東西航太武器的發展、航太界週末的狂歡以及心靈感應這些東西，都是目前認為科幻的東西，希望透過這本奇書大家能夠有奇想，根據這些奇想能夠逐漸地迎向一個聚焦的目標，這個目標就是讓我們產生新科技的動力。

上了多年關鍵時刻的節目，謝謝寶傑在百忙之中抽空介紹了我的這本書，書中很多是在節目中講過的，但是透過作者的嘴巴講出來又增加了幾分真實性，雖然書中的若干內容是遊走在可信與不可信的邊緣，但是讀者聰明的智慧自然會在適當的章節做適當的判斷，如果因為不可信而錯過了這本書，那麼對於書中可信的部分就不太公平了。

謝謝林副部長給我指導，我用了他最後一句話作為我序的開場，同時他也點出了智庫蘭德公司的由來，在這本書裡面算是清楚的交代，希望這本書不會辜負他的心意。

謝謝我的好朋友樓宇偉博士，他在美國航太界服務了一段很長的時間，這本書是我們三人同時認為是奇書，他給了我翻譯的動力，他還用做學問的態度提供了兩本中文書籍以及三本英文書籍，甚至還有兩部英文的電影提供給有興趣的讀者繼續往下研究發展，這種 MIT 博士的治學精神值得我們大家效法。

感謝大喜出版社梁社長願意出版這本書以及汪小姐辛苦的校稿，譯者雖然在美國待過幾年，但是畢竟不是美國人，文中翻譯的地方還是會有若干的差錯與誤譯，謝謝讀者能夠及時指出作為爾後再版的修改。

神奇的科幻之旅在最關鍵的時刻透過作者的奇遇，奇書就此開始。

傅鶴齡　序畢　2021.08.22.11: 50pm

序言（PROLOGUE）／比爾・湯普金斯

「我們必須為世界上最震撼人心的新聞做好準備。」

-CARL SAGAN 7-16-2002

我不知道哪些是我知道但你卻不知道的事情

首先，重要的是我注意到雖然這本書是我的自傳，但並不能說明我的全部人生歷史。它只涉及我在航空航天領域的個人工作，和我從一九五〇年到一九六九年的知識技術。這是一個時空的微觀時期，但其中出現了一個巨大的改變，改變了人們對自己在宇宙中所處位置的理解。重要主題在此內容中無法一一涵蓋。我剩下的奇妙的生活故事和相應的冒險將在隨後的章節中呈現。

我父親精通相機，他在他的高中年鑑拍了很多照片，因為得到許多的青睞，後來成為一名出色的攝影師，使他能在加州好萊塢環球影業開發他自己的電影事業，他加工影片的想法使他在好萊塢有重大突破，好萊塢幾乎所有電影導演都堅持要他處理他們所有的電影。到了一九二〇年，在全球發行數百部電影的需求擴大，爸爸在好萊塢大道上建立了標準電影實驗室。在這個龐大的生產實驗室，就業的人包括數百名技術人員以及可以轉換成英語版本的語言翻譯人員。這些外語版本已遍佈全球一百四十多個國家。爸爸是標準電影實驗室的掌舵人，直到他的公司接受了金融收購，他才沒有全力的參與。

家裡沒有收入支持著我們以前奢侈的生活，父母親和兄弟生活困頓，我搬去和我叔叔、嬸嬸住。他們的大型兩層房被他們的三個女兒瓜分了。我的叔叔哈丁博士（Dr. Harding）那時是聖莫尼卡醫院（Santa Monica Hospital）的首席外科醫生。他和我的三個堂姊妹曾多次前往埃及的金字塔。照片是我與叔叔在其中一次旅行中所拍攝。令人驚訝的是，照片的背景右方似乎有一個不明飛行物，當時沒有人注意到。他們在埃及的目標是解釋象形文字。哈丁叔叔與歷史協會安排在那裡讀取數百文件，照片和文物。我叔叔五個家庭成員都相信：譯出的象形文字將揭示金字塔的真正建造者，特別有可能是來自獵戶座大星雲恆星（Orion Nebula）的人。

比爾的叔叔、嬸嬸沒有注意到後方的幽浮

生活在叔叔的大房子裡，除了木乃伊之外也被各種埃及古董包圍，有冒險也富教育。他們甚至還有手持的三維木製照片瀏覽器，用來解碼符號（decipher the symbols）。

我的三個堂兄妹對年輕的埃及女孩因為穿著誘惑著他們周遭較年長的異性朋友所著迷。有時，他們製作了清涼的埃及王子服裝；帶著鑲有寶石的項鍊，從房子內到後院跑來跑去。他們從照片模仿金字塔牆壁上所描繪的少年埃及皇室模樣，模擬著非常優雅的埃及生活。

哈丁叔叔的家在聖莫尼卡海灘旁，離高層酒店和海灘俱樂部只有幾條街。母親們和我們所有五個孩子夏天大部分時間都花在俱樂部，我們經歷了最美好的日子。

兩年後，在我們的小型好萊塢公寓裡，我決定建造五十艘尺寸一樣的海軍艦艇模型。周末父親會帶我和哥哥到長灘（Long Beach）的海軍碼頭。與其他遊客一起，我們被海軍大型動力救生艇帶到了海上，爬進停泊在長灘港口的戰艦、巡洋艦和偶爾出現的航空母艦上。當時艦上禁止攝影。

我查看了安裝在所有主力艦（capital ships）上的新雷達，可以看到它們還包含很多秘密設備。當時，海軍審查機構確保相關機密系統的數據從未洩漏到媒體。我默記了所有新的秘密設備。回到家，我畫了粗略的透視草圖，把它們變成了令人驚訝的準確插圖。我從船的草圖及其武器，包括所有的秘密陣列雷達和高射炮等，都有詳細的全圖。我甚至還將航空母艦放在船尾飛行甲板的避雷裝置畫在上面。然後，我依尺寸構建了所有秘密設備，並將其一一安裝在我的軍艦模型上；後來由我父親在當地百貨商店的櫥窗裡展出。看到這些，《洛杉磯時報》（*Los Angeles Times*）採訪了我，說我是記憶攝影機。他們拍照並向全世界發表了數百篇文章。我收集的模型船被洛杉磯郡博物館（Los Angeles County Museum）評為「全國最好的藏品之一。」

一九四二年，海軍情報部開始注意到位於好萊塢大道上，百老匯百貨公司櫥窗內展列的船，並調查我的父親，將他視為間諜。他們來到我們的小公寓，在我與哥哥的臥室裡，發現了幾乎堆到天花板上的草圖和圖紙。他們沒有生氣，反而是啟動了一個計畫（或者更正確的說是一個獎勵），讓我加入海軍。多年來，這些收藏已有三百〇九艘船，總價值可能高達兩百萬美元。

幾年前，當我在洛杉磯附近參觀威爾遜山天文台一百英寸望遠鏡的時候，印象很深刻。天文學家已經確定銀河系包含數百萬顆恆星，其大小均遠超過我們自己的太陽。我覺得其中可能有像我們行星一樣的太陽系，這與當時天文學家所認為的相反。我深信我所看到的其他恆星和銀河系中，蘊藏著比我們高等許多的生命。

我確信某種類型的外星智慧生命不僅僅在觀察我們的星球，而且也影響著我們。出於某種原因，我從未接受這些外星人只是在看著我們的想法。看起來對我來說，幾千年來，他們一直充滿敵意與干擾，對我們的生活方式構成威脅。自從我是個小男孩起，我對我們的銀河系的環境已經畫出了一幅預設藍圖。

一九四二年二月二十五日，珍珠港襲擊事件爆發三個月後，一件非常奇怪的事情發生了。我的家人當時搬到了長灘。住在從一個大房子改建而成的二樓公寓。離海只有四條街之遠，一個大約晚上八點的夜晚，我父親叫哥哥和我到面對海灣的陽台。那裡地平線上方有一種奇怪而強烈的光線：一條指向海洋的窄光束，小光束水平轉動，直接進入我們的眼睛，然後射到我們公寓的後牆和周圍樹木。突然，令人費解的是，燈光熄滅了。我們站在那裡感到驚訝。最後，回到床上。午夜過後，空襲警報器和沿海炮兵的高射炮將每個人吵醒。我們跑到街上，看到大約在我們頭頂七千英尺高的位置，有一艘大型飛船漂浮在我們之上。它在上方減速停止並保持靜止，八盞探照燈照亮著它，而防空砲彈向它四處掃射充滿爆炸聲。大部分的砲彈在底部爆炸，我們無法確信目標有沒有爆炸或被擊落！三艘、然後五艘，其他船隻也陸續出現在附近；一些探照燈以及防空部隊都把重點放在每一光點上。最後，最初的那艘飛船也慢慢離開。

後來，大約十二艘其他飛船在更高的高度飛過，然後被射擊。這就像是一個魔咒：為什麼我們數百人不因為這個事件而費心費力或受到驚嚇？我不害怕，也沒有恐慌；更沒有人在尖叫，也沒有人心臟病發作，沒有人發瘋。近五個小時，車輛陸陸續續經過我們。長灘沿海，地面的所有防空部隊均企圖打下這些飛行體，到凌晨三點三十分，主要節目結束了。我們回去睡覺，雖然幾個鄰居告訴我們空襲繼續著，警報也一直持續到凌晨五點。第二天早上，報紙報導有外國飛機被發現在聖莫尼卡和長灘之間的空域活動。但他們沒有提到另一半，就是南加州幾乎整晚都在觀看這個活動。

這場所謂的「洛杉磯空襲」（Los Angeles air-raid）成為近代歷史上，一連串不明飛行物事件中，第一起重大事件；而且，這也是影響我整個五十七年航太工程際遇的開始。

無論出於何種原因，公眾可能都沒有感受到我們剛才目睹的事實。另一個世界已滲透到我們的生活中。我已意識到一定有一個巨大的星際母艦，或母艦群，正環繞我們地球，而且他們來自我們銀河系外。母船向地球派出了數百輛登陸平台。他們的主要任務我們完全不知。第二次世界大戰肆虐。我們全力以赴對付的目標是納粹，但現在呢？

此外，在海軍部、陸軍航空兵和某飛機公司也有幾個人一生都受到影響：他們是海軍上將羅斯科・希倫凱特（Roscoe H. Hillenkoetter），海軍秘書長詹姆斯・福雷斯塔爾（James V. Forrestal），陸軍航空兵內森・特溫（Nathan F. Twining）將軍和柯蒂斯・勒梅（Curtis Le

比爾的船模型使他受聘進到海軍

May）將軍，M.I.T. 的愛德華．鮑爾斯（Edward Bowles），范內瓦爾．布希（Vannevar Bush）博士和道格拉斯飛機公司某某等，僅舉數例。當我講這個故事時的這些人，在其他故事裡也將被提到。

一九四二年在長灘上看到大量飛行體的另一人是海軍情報官 J.G. 派里伍德（Lieutenant J.G. Perry Wood）中尉。伍德中尉是最早看到我有創建船模型潛力，識才讓我進入海軍的人，如圖所示。他安排我到伏爾提飛機公證（Vultee Aircraft）工作，我也在那裡等我的安全許可（security clearance）。爾後宣誓就職並完成了我在聖地亞哥的訓練，就被分配到海軍情報單位任職。我在先進技術計劃（advanced technology projects）下工作，後調升為加州聖地亞哥北島海軍航空站（North Island Naval Air Station）海軍指揮官。我的任務和目標是「飛機研究和信息的傳送人。」雖然只有三職等，但我注定是要迅速升官。

我的任務是在總工程師的指導下（一名上尉，我要向他報告），向海軍情報單位（Naval Intelligence）的海軍上將里克奧巴塔（Admiral Rick Obatta）報告。我的工作是對下列各項進行連續的調查及編寫報告：(a)實驗性的實驗室研究(b)政府其他機構，以及(c)教育科學機構、製造商和研究工程師。工作方式是我主動提出，或應海軍航空兵辦公室或任何局的要求提出報告。

我對特殊儀器、研究計劃目的與相關技術進行研究。我還被派去飛行學校就讀，去學海軍管理課程，並且執行現有和未來的飛行任務，我也領取飛行加給。我有時是飛行員，幾乎飛過海軍停機坪中每一架新飛機。我出任務時，載過海軍上將到道格拉斯飛機公司（聖莫尼卡）、長灘和中國湖，以及莫哈維沙漠（Mojave Desert）等地。四年中（從一九四二年到一九四七年），我參與了高度機密的計劃，並參與這個星球上一些最前衛且尚未開發的先進科學計劃。

二戰結束，直到一九四六年我才光榮的退役。我爸爸堅持要我辭職，以便我可以為他工作，挨家挨戶出售真正的絲綢襪子。我討厭這工作。在那之後，我幫他賣屋頂材料。我也討厭這工作。最後，我去了諾斯羅普（Northrop）工作。我的工作是作比例模型，這得以展現我的專長，製作模型以在風洞中進行測試。我確信這是我未來的所在。我在風洞部門上班，授命設計一架沒有機翼的飛機，此工作需要安全許可證。後來我離開諾思羅普去北美公司的控制實驗室工作，該實驗室位於舊的伏爾提公司工廠（Vultee plant）。（在那裡，我看到電路板設計原型，據說是由一些外星材料製成的。）

一九四九年我和哥哥，在伯班克（Burbank）的洛克希德飛機公司（Lockheed Aircraft Company）找到一份工作。在公司工作時，我意識到用於航太活動的先進技術正在聖莫尼卡道格拉斯飛機這大公司進行著。我的模型專長為我打開了大門。他們找我進入諾斯羅普的風洞模型部門。現在，道格拉斯高級副總裁知道我有船隻收藏品；特別支付我為模型的報酬，這個模型是給他老闆的生日禮物，他建造唐納德道格拉斯恩底彌翁（Endymion）號帆船模型，作為生日禮物。在沒有規格的規範或模擬圖的情況下，在船隻建造前，我必須模擬整艘

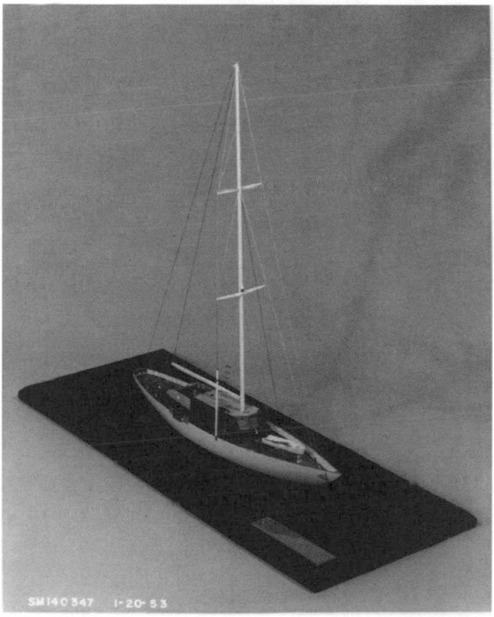

比爾為道格拉斯，長官生日作的模型船

大船的草圖。副總裁看了我的履歷並確認我的海軍背景。

甚至在模型完成之前，他對我印象深刻，因此，在一九五一年他把我由繪圖員轉升為工程師。

因為我以前有海軍電子部門負責人的安全許可，我的老闆，把我轉到了高度機密的地方——先進設計組，這一舉動改變了我的一生。

這些事件可以追溯到一九四五年，當時陸軍部長收到了一份絕密報告。陸軍航空兵指揮官「哈普」阿諾德（H. H. “Hap” Arnold）將軍提到：「在戰爭的這些年裡，我們的軍隊已經前所未有地利用科學和工業資源。我們必須在軍隊、工業和大學中繼續團結一致。科學規劃必須在實際的研究和開發前幾年就開始落實。」在這份報告中，阿諾德並沒有透露他最關心的議題——某種類型的外來生物已經在這裡，從技術角度看，他們可能領先我們數百萬年。

一九四五年十月一日，在海軍秘書長詹姆斯．福雷斯塔爾的指揮下，幾位高級大人物被帶到了船上，包括：哈普阿諾德將軍、愛德華鮑爾斯（M.I.T.，陸軍部長顧問）、唐納德道格拉斯（道格拉斯飛機公司總裁）公司、亞瑟．雷蒙德（Arthur Raymond）（道格拉斯的總工程師）和弗蘭克．科爾博姆（Frank Collbohm）（他是亞瑟．雷蒙德的助手）。他們在加州漢密爾頓空軍基地（Hamilton Field）陸軍航空兵總部秘密會面，成立蘭德計劃（Project RAND），這是一個位階極高的秘密科學智庫。它創建於一九四五年十二月，對聖莫尼卡市飛機場中的道格拉斯飛機公司而言，是一項特別的合議計劃。在道格拉斯工程部的一個高度分隔圍牆區域內，蘭德計畫研究主題是外星人對地球的威脅。與此同時，弗蘭克．科爾博姆在亞瑟．雷蒙德和唐納德道格拉斯的指揮下，暗中調查了自一九四二年以來在聖莫尼卡和洛杉磯出現的奇怪飛行物，科爾博姆因此成為蘭德計劃中主要成員之一。

一九四五年的同一個月，航空研發單位的副主任新辦公室成立，這就是蘭德計劃中提到的，正式成立，柯蒂斯李梅少將（Major General Curtis Le May）是第一任主官。然後，在一九四六年三月二日，一項和議成立，蘭德計畫將在道格拉斯的助理總工程師科爾博姆的指導下完成任務。道格拉斯智庫誕生了。

蘭德有兩個任務：(a)研究人造衛星潛在的設計、性能和可能的用途；(b)執行高度機密的科研計劃。後者包括各個領域成千上萬的問題，其中許多與解決外星人所構成的威脅技術有關，外星人的技術被認為比我們先進數千年。

到一九四八年初，蘭德計劃已經發展到大約有兩百名工作人員，專業知識廣泛到各領域。然而，道格拉斯製造部門管理的安排，被證明是一個主要問題。利益衝突沸騰，分離迫在眉睫。不久後，新任的美國空軍參謀長給唐納德．道格拉斯寫了一封信。這封信批准了蘭德朝非營利性蘭德公司的發展模式，獨立於道格拉斯之外，這就是它的後果。

分家是有問題的。許多博士都希望留在道格拉斯的先進設計組。內部大方向的小步伐舉棋不定。有些人想游走兩邊而不參與大方向。有些人只想在他們的專業領域專研。智庫被分成兩部分。蘭德租用了一座位於聖莫尼卡市中心的建築，稱之為蘭德大樓。

一九四七年六月二十四日分家後，我仍在霍桑（Hawthorne）的諾斯羅普飛機靜電推進科學實驗室的技術測試工作，並仍然試圖製造幾乎沒有翅膀的飛機。

也是在那天，私人飛行員肯尼斯．阿諾德（Kenneth Arnold）在喀斯喀特山脈（Cascade

Mountains）華盛頓州地區飛行私人飛機時，遇到了九個圓盤形飛機。它們正在高速穿越他的飛行路徑。雖然這不是第一次看到，但這肯定是最先獲得廣泛關注之一。數以百計的相似報導很快跟隨。其中許多來自高度可信的軍事和民用資源。軍方試圖確定這些物體的性質和目的，主要是為了維護國家防禦利益。然而，他們試圖利用海軍飛機進行追逐在飛行中的光盤卻不成功。有時，公眾的反應接近歇斯底里。

根據所謂的十二至尊（Majestic 12）表示，艾森豪威爾簡報文件（Eisenhower Briefing-Document, EBD）於一九八四年十二月匿名郵寄給UFO研究員傑米・尚德拉（Jaime Shandera）說：「在新墨西哥州當地一位牧場主陳述一不明物體於一九四七年七月五日在偏遠地區墜毀前，大家對這些飛行物的所知甚少。」

這墜毀地位於羅斯韋爾陸軍航空基地（Roswell Army Airfield）西北75英里處，此地成為回收飛行物殘骸的秘密行動集結地。據EBD的作者表示「在這次行動中，空中偵察發現在飛行物落地爆炸前，有四個小的人形生物被彈出飛行物，落在殘骸東面約兩英里的地上，」四個生命體據說均已死亡，結論是該飛行物是一短程偵察船，它附屬於一艘大型母艦。

EBD表示：「在殘骸中發現了許多似乎是某種形式的文字。努力破譯後，大部分都一無所獲。」確實，他們的努力跟我叔叔、堂兄姊妹和我在埃及破譯那些象形文字的結果一樣，努力也沒有成功，回到一九三〇年代間。同樣不成功的是，十二至尊文件中的作者也在努力確定推進和動力能源傳輸的方法。這會失敗一點也不足為奇，因為當要考慮完全沒有可辨識的機翼、螺旋槳、噴氣式飛機以及完全沒有金屬佈線的設計是不可能的。更別談沒有任何真空管或任何可辨識的電子元件設計。

雖然這些生物是人形，但十二至尊指出了這些生物的進化過程，完全不同於我們，因此稱為「外星生物實體」（Extraterrestrial Biological Entities, EBE）。幾乎可以肯定的是，這些生成手法並非源於地球上任何的技術。門澤爾博士（Dr. Menzel）（據稱是十二至尊一員）很善巧地總結了這一點，並說：「我們正在對付完全來自另一個太陽系的生物。」

十二至尊行動（Operation Majestic）始於一九四七年九月二十四日，由詹姆斯・福雷斯塔爾、范內瓦爾・布希博士和海軍上將羅斯科・希倫凱特領導該組織。這是一個絕密，只有十二至尊可看的研發行動，情報直接（並且僅）對美國總統負責。同樣地，空軍參謀部研發副主任和蘭德集團（Project Rand Group）當時只向十二至尊報告。

正如我之前所說，一九五〇年初，我加入了聖莫尼卡的道格拉斯公司。因為我的海軍情報背景，他們把我扔進了這個智庫，當時整個智庫仍然帶著一群同儕處於離異風暴中。我們這些剛被雇用的人，完全沒有意識到讓博士們感到困擾或緊張的那種分家的感覺。沒有人告訴我們任何事情。

有時，智庫的一些同事認為我較靠近先進太空計劃，似乎我來自銀河系的另一個部門。我同意，因為對我來說，這個星球聲譽差。這是一個非常野蠻的居住地。當然，一些黑帽子外星人（外星人帶著我們所認為的邪惡任務），當然是在煽動公元前一二〇〇年前後早期部落間的仇恨。我一直堅信地球外一定有文明，他們不僅技術比我們更先進，而且比我們更文明。

所以，現在，我被驅使把我的想法散佈給每個讀者。我的目的是提出令人信服的證據，表明多種外來文化影響著我們的航太發展。諸位，你認同嗎？對於我們所涉及與推動的這些巨大秘密任務有什麼概念嗎？生活在這小不點星球上的生命是多樣化的。所以，繼續閱讀，看看到底發生了什麼，並參與其中。

回到一九五〇年，上月球的想法你了解多少？對我們來說，要理解這複雜的計畫太困難了，我不是在講道，我也不是在講課。本書是我們首次將觸角伸到宇宙中的討論平台。歷史上第一次在這個小小的藍色大理石裡，人類實現了他最大的夢想，即是離開他的家鄉並前往星際旅行。我們很榮幸生活在這個時期，因為夢想現在正在發生。阿波羅登月任務（Apollo Moon missions）只是道格拉斯智庫和海軍深空探索星際任務（Deep Space Exploratory Interstellar missions）的基礎計畫。

那麼，我們是如何完成這項巨大的登月任務？又如何能夠在整個美國數千個航空航太實驗室中，設計阿波羅飛行器和發射中心，並製造所有的設備？這計畫並不是由 NASA 設想的，而是在加州聖莫尼卡（Santa Monica）舊道格拉斯導彈和太空系統部門就有了（Douglas Missile and Space Systems Division）。不僅如此，該計畫還是在 NASA 成立前四年，由當時智庫中的先進設計分析師所構思出來的；他們不僅僅只做份內應該做的事，他們同時還得在腦海中想像出登陸月球，以及執行太陽系其他星球（和我們最近的十二顆恆星）任務所需的每一步。

我是當時概念思想家之一員。身為工程組長，我規劃了數十個任務和飛船，用於離我們最近幾個星球得探索任務。我設計了一個在火星上的工作站，以及大量的 NOVA 載具和赤道發射設施。我也為我們的月球設計了多達二〇〇〇人的軍事基地，同時也在適居的行星及其衛星上建立能容納六百人的海軍基地。我設計了阿波羅登月系統土星五號（譯按：或農神五號火箭）、SIV-B（為 S-IVB 火箭第三節）和命令控制月球車的發射測試系統。這幾乎重新設計了在佛羅里達州卡納維拉爾角（Cape Canaveral）發射控制中心的主要營運設施。我整理了我做的所有文件及圖稿，並給我的同事看，他們是整個月球計劃最有能力的設計師。結果令人震驚。我後來給 NASA 的高層看，他們徹底改變了他們原來發展不成功的方法，結果順利完成六次離我們最近幾個星球的星際任務。

想像一個隱藏式充滿技術的世界，那裡有一座約一條區街長、五層樓高的建築，室內有六英尺高的機櫃電腦、電源，以及老式的印刷電路板，這些滿是電線的面板可能用現在的手機就可完成當時的任務。大多數人從來沒有接觸過我們所設計、製造和操作的這種大型電腦，為了是可以完成阿波羅計畫四節三百六十五英尺長的土星五號載具，作為射前測試及發射到月球之用。

今天，我們正處於技術爆炸時代。人類已經在這個星球上進化了一段時間，依據碳十四年代測試，我們大約有三萬年的進化史。以進化發展來說，直到最近才出現技術本質的變化。九〇年代早期萊特兄弟駕駛的第一架飛機出現。僅僅六十年後，人類設計了一枚巨大的火箭，並將其驅動登陸到月亮，收集當地的岩石，然後安全地回到了地球，而我們能思考的每一個人當時在電視上看著它發生。這就只是六十年的時光。還不到一輩子。

一九五四年，當我們在研究前 NOVA 和前阿波羅／土星深空星艦的過程，我們在進階設計智庫中共同確立了海軍所有宇宙飛船研究的先決條件。三百年的海軍經驗和海上作戰任務（有時沒有補給）成為所有軍事星際任務的先決條件。海軍艦艇在海上停留很長時間，這使他們在進行長期任務時擁有大量的專業知識。另一方面，空軍轟炸機機組人員早上與家人共進早餐後，起飛到星球執行任務，丟下炸彈後，轉身，飛回家，再和妻子於晚上喝一杯酒。

約翰・甘乃迪（John F. Kennedy）總統獲准我們離開地球。我說「獲准」，但是誰批准？誰給了甘乃迪這個瘋狂、愚蠢的想法去登月？當然，國會沒有。他們只有想到把豬肉桶裝滿，並回饋自己的家鄉，所有這些計畫都需要數億美元。為什麼蘇聯將軍和美國海軍上將們在六〇年代早期放棄全部的新玩具，不管當時的社會需求，而進行半調子又荒誕的登月任務？有人給了他們許可，這開啟了人類歷史上曾經嘗試過的最複雜的任務：月球競賽。

那麼為什麼NASA於一九五八年成立呢？在公開場合，它目標是為了提供非軍事的政府機構，組織和建造一艘將人類帶到月球的火箭飛船。哦，是的，邪惡帝國仍然試圖先到達那裡，但在美國的我們在那時進行了一次和平的探測投資計畫。嗯……這也不完全是事實。

早在一九五二年，一些令人難以置信的太空研究結果就來自道格拉斯智庫。他們透露，不僅某些美國政府首腦知道外星人參與人類事情，連舊蘇聯也意識到了這種情況。隨著潛在的外星人「援助」，蘇聯首先想要登上月球，以便在那裡建立導彈基地並用以控制整個星球。哦，是的，這是希特勒計劃的重現。

我們所知道的遠少於我們所必須要學習的。

在地球人類史上，從來沒有一個從概念的發想、設計，能夠像美國阿波羅月球計劃這樣成功的案例。到目前為止，它仍然是人類曾經嘗試過最複雜的科技技術，也是我們首次對宇宙的重要探險經驗。人類對於探索鄰近星際有了一些進展。儘管如此，我們還有自己的銀河星系、仙女座星系（我們最近的星系）和宇宙的其他部分在等著我們探索。我們的挑戰是擴展現在的技術向廣闊的深空中延續，尋求其他太陽系的潛在智慧生命，並與他們進行交流。

但是為什麼，我們突然就在一個微秒的銀河瞬間，離開了這個星球？是誰要我們離開的？

第①章

高層發現他的超能力——從默默無聞到萬中選一

誠如我之前說過的，我父親謝里爾・米爾斯・湯普金斯（Sherrill Mills Tompkins）很懂相機，當時他為高中年鑑拍了很多照片。也因此，他能夠成為一名出色的攝影師也就不足為奇了。當他在加州好萊塢的環球電影製片廠拍電影時，發明了一種防止膠片破損的方法，這技術對膠片的處理有了重大的改善，對當時的電影院來說無疑是一大福音。父親處理電影方面的技術非常出色，以至於好萊塢的每個電影導演都堅持要他處理所有的影片。他用這種製作方法處理了數千部電影。一九二〇年，電影在全球發行的需求變得如此之大，父親在好萊塢聖莫尼卡大道附近建立了正規電影實驗室。這個龐大的實驗室聘僱了數百名技術和語言翻譯人員，幾乎所有好萊塢製作的英文版電影都被翻譯成其他國家的語言，這些外語版本隨後在一百四十多個國家發行。

父親不僅僅是公司的總裁，還是共濟會三十三級以上的神秘高級會員。人們都在懷疑電影中的置入性行銷，

Bill 的父親
Sherrill Mills Tompkins

是一種精神控制的手段；他持續處理電影業的所有影片，但後來公司進行了財務收購，不知什麼原因，他就被趕出去了。

由於沒有錢來維持曾經奢侈的生活方式，我們全家接著就搬到加州聖莫尼卡（Santa Monica, CA.）與姑姑和叔叔住在一起。他們與三個女兒合住在兩層樓的大房子。當時，我叔叔哈丁（Harding）是聖莫尼卡醫院的首席外科醫生。

他和我的三個表姊妹多次前往埃及的金字塔參觀，他們的目的是解碼象形文字。哈丁家族的五個人都相信，破譯象形文字將確定金字塔的真正建造者，並證明他們與來自獵戶座星雲的星際民族有關。在埃及那段期間，叔叔與當地的歷史組織安排了數百份文件、照片和文物運往家中。我就和他們一起住在這個被埃及古董（木乃伊除外）圍繞的大房子裡。對我來說這次合住不僅富有教育意義，同時也不失為一次偉大的冒險。

我的三個表姊妹對年輕的埃及女孩的穿著非常著迷，因為這些穿著都非常吸引人，很能夠抓住異性的眼光。有時，他們會製作了清涼的埃及公主服裝、帶著鑲有寶石的項鍊，在房子內跑來跑去。他們從照片中模仿金字塔牆壁上所描繪的少年埃及皇室模樣，模擬著非常優雅的埃及生活。

哈丁叔叔的家在聖莫尼卡海灘旁，離高樓層酒店和海灘俱樂部只有幾條街。我們的母親們和我們五個孩子夏天大部分時間都花在俱樂部。我們在那經歷了最美好的日子，我們不是沒有著泳衣，反而是經常穿著埃及年輕人在巨大水池、宮殿和花園周圍所穿的衣服。

我的叔叔哈丁博士經常和我的堂姊維吉尼亞（Virginia）談論埃及人在金字塔中描繪的怪異生物，一匹有男性頭顱和脖子的馬就是其中之一。他們試圖分析這手術是如何成功進行的，並推測這可能是由某個早期文明完成。他們也推測這人馬可能曾在埃及國王的宮廷中服役。哈丁叔叔總是說，專家們被誤導獅身人面像只有三千多年左右，但它其實至少有一萬四千年，也可能有兩萬年。在他看來，埃及人建造金字塔是絕對不可能的。

哈丁博士金字塔研究中有許多問題待解答，而其中最重要的「問題」之一就是：他有太多的問題了。他總共有二十七頁的問題和數百頁可能的答案。他的三個女兒幫忙分析數據，並提出解決問題的建議。最令人費解的問題之一是：在金字塔中心附近的幾個秘室中，有幾張向後彎曲設計的大理石椅子。坐在椅子上的人會向後傾斜四十五～五十度，看著房間的天花板。牆壁和天花板上都有象形文字，但這些椅子的設計很不尋常。黑色大理石椅的建造者還把椅背做成了支撐腰部的彎曲型。而這是七八千年前的事！坐在這把椅子上的人將面向天花板。他們應該是要在天花板看到什麼？

當哈丁叔叔坐在椅子上時，他說就連腳的擺放都非常舒適，幾乎就像仰臥一樣。他研究了在三十～四十度範圍內能看到的一切，但無法確定他應該要看到什麼。其他一些房間有相同類型的大理石椅子，向上看大約八十五度。現在我知道你們有些讀者看到這會想說：他應該是一直透過天花板上的孔洞看，這樣可以看到仙女座星系，如圖所示。

顯然，建造者對天文學的了解比叔叔所了解的要多得

仙女座星系是距離銀河系最近的星系，大約 250 萬光年。

多。但今天，我們知道那些建造者以某種方式建造了金字塔，在金字塔的上側鑽了洞，直通到室內座落椅子的房間，讓觀察者能夠研究恆星的排列。令人難以置信的是，建築者做了某種設計，讓雨水不會通過孔洞流入房間。其原因有一項推測是觀察孔可能有氣體不斷流出，但這也不是那麼的確定就是。

兩年後，在我們搬到好萊塢小型的公寓後，我決定建造五十艘海軍艦艇模型，都依照相同規模建造。週末的時候，父親或叔叔會開車送我和我哥哥到加州長灘的海軍碼頭。在那裡，我們會和其他遊客一起乘坐大型動力海軍救生艇到船上。我們登上的是停泊在港口的艦隊，那裡有許多的戰艦、巡洋艦和航空母艦。因為戰爭的關係，艦上禁止攝影，但我記住了這艘船的結構和所安裝的最新雷達。船上還有很多其他的秘密裝備。當時，海軍艦艇上的機密系統總是被海軍審查員禁止露洩漏在報章雜誌上。我在腦海中熟記了所有新機密設備的樣貌，並在回家的路上畫了粗略的透視草圖。當我們回到家時，我將它們整理成非常精確的插圖。我也根據船隻及其武器的草圖繪製了詳細的圖紙，包括所有機密雷達和高射砲的位置。在航空母艦的後飛行甲板上我還找到了著陸電纜。我後來製作了所有機密設備的迷你模型，並將它們安裝在我的船模型上；這些模型隨後被陳列在當地百貨公司的櫥窗裡，如洛杉磯市中心的大型百老匯商店。

《洛杉磯時報》甚至採訪了我，說我本人根本就是一部記憶攝影機。他們拍攝了一些照片，並在數百篇文章中的第一篇進行發表，而這些文章前前後後發行了超過50個年頭。我收藏的船模被洛杉磯郡博物館譽為「全國最好的船模收藏之一」，那裡展出了七十多艘海軍艦艇模型。請記住，整個系列中有三百零三個模型。這些模型最初是由一位十一歲的孩子在好萊塢所建造的。這個孩子對因為在銀河系其他運行的行星上，可能存在著其他的生命而著迷。

正如我在《外星人選中的科學家》第一冊中所介紹的那樣，這套美國海軍艦艇模型的細節非常精緻。它們被專家博物館館長和海軍上將評估為國家所有收藏藏品中細節最精緻的。

起初，海軍對我非常質疑，因為我的模型包含的細節有炮位，他們認為這是機密，並懷疑我父親可能是間諜。調查人員來到我家，查看了我臥室裡的許多模型和詳細草圖。他們還審問了我父親，但最終認定他究不是德國間諜。

就這樣我一路繼續建造海軍艦艇模型長達五十多年，以減輕航空公司管理層的壓力，儘管海軍上將不斷地說：「比爾，你不能那樣做。」

最有趣的是，海軍的新型驅逐艦朱姆沃爾特（Zumwalt），幾乎與我在一九六九年 TRW 智庫時，所建造的艦船模型一模一樣。於是當時的我向海軍高層主動提議，也是作為我在研究為未來的海軍水面艦隊時，使用海軍自動化電腦和武器系統時的構思。我在向海軍做簡報時，使用了該模型作為工具，同時它也仍然在加州卡爾斯巴德（Carlsbad）的喬馬丁博物館（Joe Martin Museum）與其他七十多艘艦船模型一起展出。

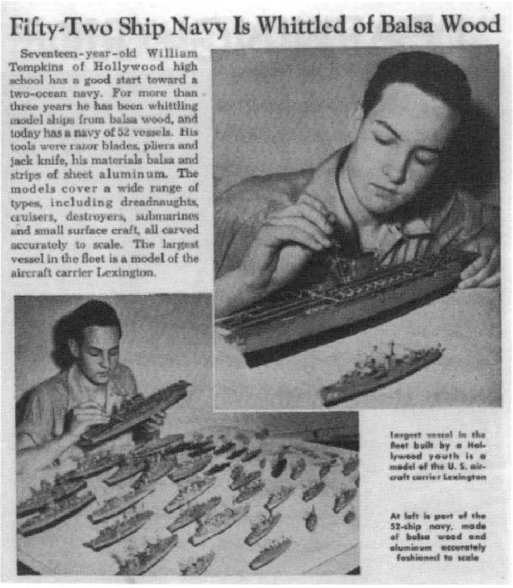
Fifty-Two Ship Navy Is Whittled of Balsa Wood

Seventeen-year-old William Tompkins of Hollywood high school has a good start toward a two-ocean navy. For more than three years he has been whittling model ships from balsa wood, and today has a navy of 52 vessels. His tools were razor blades, pliers and jack knife, his materials balsa and strips of sheet aluminum. The models cover a wide range of types, including dreadnaughts, cruisers, destroyers, submarines and small surface craft, all carved accurately to scale. The largest vessel in the fleet is a model of the aircraft carrier Lexington.

Largest vessel in the fleet built by a Hollywood youth is a model of the U. S. aircraft carrier Lexington

At left is part of the 52-ship navy, made of balsa wood and aluminum accurately fashioned to scale

Bill Tompkins 創建了極其精確的海軍軍艦模型

多年前，當我參觀加州聖地亞哥附近，威爾遜山上的那一百英寸望遠鏡時，我突然意識到；當時，天文學家已經確定銀河系含括了數百萬顆其他恆星，我覺得它們可能存在著像我們這樣的太陽系和行星存在著。與天文學家所認定的不同，我確信即使在我們觀察的時候，也一定有數十億顆其他恆星和星系正在形成，其中有一些得以孕育比我們更先進的生命。我確信某些類型的外星人不僅在觀察我們的星球，而且也在影響著這顆星球。出於某種原因，我從來都不認為這些外星人只是在看著我們。在我看來，這幾千年來，其中一些可能對我們充滿敵意、可能一直在暗中介入、更可能甚至威脅到我們的生活。當我還是一個為海軍最新艦艇製作秘密草圖和模型的小男孩時，我就一直關注我們的銀河環境。

約翰哈登博士（John Walter Handen）（我的堂兄）曾任殼牌石油研究中心主任和德州休斯頓德克薩斯農工大學院長。孩童時代，我和哥哥、約翰一起玩時，當時約翰正在模擬他的「主宰」概念，他發想了一種巨大的地下鑽孔機，可以在美國的地下深處鑽探隧道，將來可以通到整個地球。當哥哥在玩飛機，我則在建造宇宙飛船模型時，約翰用一隻圓木桌腳作為隧道挖掘機以模擬他的主宰概念，這就像開瓶器一樣，把挖掘機轉動到自家身好萊塢家後院的柔軟泥土中。他將機器鑽入地下深處以開採外來礦物，並繪製了3D圖和透視草圖；在模擬整個隧道鑽探操作時，約翰想像他的主宰能夠突破地下深處巨大洞穴的地壁。

不久後，他的主窄行動就遭到淺灰色「兔子」的襲擊。約翰假想他們是星人。並稱他們為博爾特（Borts），他認為他們是「敵人」。約翰在八歲的時候就開始思考主窄和地下的博爾特人，這種想法跟著他一輩子。在他看來，這些兔人原本是來自其他星球，卻在我們星球的地下生活了億萬年。

他相信博爾特人比我們聰明得多，並在主要城市中建造了數百個卡爾斯巴德式洞穴（美國著名的一座國家公園洞窟），並通過真空高速隧道相互連接。約翰帶著這些問題，進入加州大學洛杉磯分校學習地理。畢業後，多年來這些想法不僅僅只是跟隨他在地球大陸的陸地上，甚至還跨越到了和我們的太陽系，到以及我們銀河系中圍繞恆星運行的行星。在他和我的心目中，有許多其他的星人，有的是友善的，而有的不僅僅是「壞人」，他們彼此是相互交戰的。我們甚至認為灰兔子在和我們交戰；我們可能永遠不知道這些外星人對約翰有多大的影響，以至於他將一生奉獻於技術和天體物理學領域。約翰是一名鐵路工人的兒子（我叔叔是個酒鬼，五十出頭就去世了），他一生創造了許多奇蹟。他從來沒有告訴過我他相信他是可以接收到外星人的心靈感應，但即便如此，他總是向我表示他的思維模式經常受到「博爾特人」的影響。好幾次到洛杉磯旅行的場合上，他總是不斷地比較我們兩個的職業生涯，他不相信我們兩個在創造多元化技術的領域有如此多的重大突破。這些根本就沒有道理，尤其是對我的深空滲透探索領域而言。約翰的潛意識是否以某種方式暴露著我們現在所知道的一切：如爬蟲類人和灰人是否已經在我們星球的地底下生活了億萬年？非常有趣的是，他當時的概念與我們今天的問題相似。

夏天時，我和哥哥幾乎每週都會騎自行車去聖莫尼卡的海灘。超乎想像的是，那裡每週都有業餘泳衣選美比賽。他們在人行道附近的一個木製平台上舉行，數十名穿著緊身泳衣的女孩在台上表演。

我家住在好萊塢，而我還是加德納路口小學（Gardner Junction）的學生時，有一次阿克倫號飛船（U.S.S Akron）和梅肯飛船（U.S.S. Macon）在我們的頭頂上方飛過。當他們低空飛過學校時，只要我們聽到了引擎的轟鳴聲，都會跑到外面去看。這些飛船是第一艘軍用航空母艦，它們正在演示雙翼飛機如何在飛船下方飛行，並如何停靠到從下船體延伸出的吊桿上。之後戰鬥機被收回到內部的架上，如此得以在飛船飛行時從同一台吊桿上發射飛機。我永遠忘不了他們的八台引擎從我們天空緩緩飛過時，所發出的轟鳴聲。對當時的我來說，它們是從遙遠的銀河系返回的美國海軍宇宙飛船。

編註：比爾在部分內容出版之前，花了十多年的時間撰寫生活故事；本書偶爾會注入他所記得的特定對話。當這些對話看起來適合放在某些段落時，編者將適時地編排至段落篇章中。

以下即是一個範例，引號中比爾所論及的人都不是真實的本名。

「比爾，」史蒂夫在 TRW 的一個午休時問我，「有傳言說你十五歲的時候，在好萊塢露天音樂廳向好萊塢的 Wheels（外國戰爭退伍軍人和美國退伍軍人協會）做了四十分鐘的技術簡報？」

如往常一般，在我回答他之前，愛管閒事的蒂芙尼打斷了我的話：「哦，那是比爾在好萊塢高中三年級的時候。我知道整件事情的原委，那個小流浪貝蒂穿著當時不符合場合的短裙，在布萊克先生的英語課上不斷地分散他的注意力。她的父親是一名海軍退伍軍人，他在《洛杉磯時報》上看到比爾海軍艦船模型系列的所有內容。在海軍的支持下，蒂芙尼父親安排比爾發表一篇論文，說明他是如何以及在何處獲得秘密雷達和槍砲位的訊息，以建立和組裝他的收藏品。更重要的是，分享模型是如何構建的。跟電影明星一樣，比爾在好萊塢露天音樂廳舞台上，一個星光熠熠的夜晚演講，所有的聚光燈都打在他身上。」

「你又來了，蒂芙尼，總是讓比爾顯得很重要，」史蒂夫補充道。

蒂芙尼揮著手說，「嗯，他是……我愛他，就這樣！」

我們在現在這個時間點，回想一下，這很重要。珍珠港事件發生兩個月後，我們之前有談到一位海軍軍官，他滿了解我一些特殊才能的。他讓我加入海軍，在新兵訓練營之前，他讓位於加州唐尼的伏爾提飛機公司聘僱我。他們把我安排在機密的高級研究部門。當時一九四二年，伏爾提正在開發一種極其先進的海軍飛機。這個臨時職位是為了讓海軍能調查我的背景以進行機密任務，這需要很長時間，所以就給我一個短暫的工作，讓我可以在秘密調查的時候能有工作可以做，主要是因為我們搬家太多次了；我們太窮了，經常因為付不起房租而被驅逐，因而不得不搬到新的租屋。這發生的次數比我能回憶的要多。

一九四七年，我受僱到 NAA（北美航空）工廠的一個秘密工程部門工作，研究幽浮的逆向工程和構建外星飛船的電子系統。再後來，一九六三年被道格拉斯解僱後，我接受了北美航空幾個分公司的工程職位：包括洛杉磯機場、卡諾加公園的洛克達因和唐尼。

我第一次意識到有外星人是在我的夢中。那是二〇〇三年十一月二十七日的凌晨兩點半，感恩節的早晨，當我顫抖著醒來並試圖回憶我做過的暴力夢細節時，回憶著我記得在夢中飛了很多次，這在我曾經做過的夢境中，顯得很不尋常。身為一個非常年輕的男孩，我經常在愉快的夢境中飛翔。

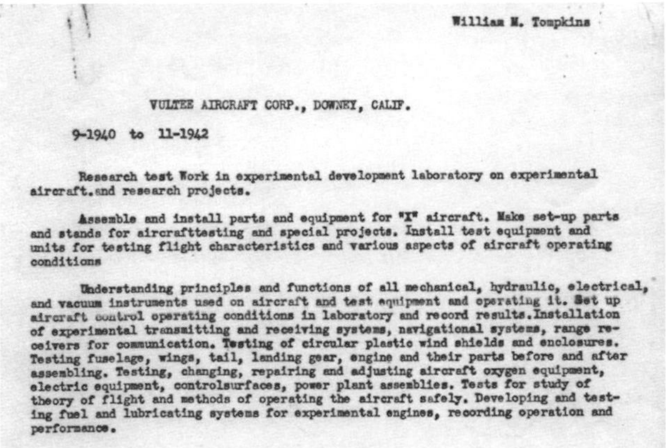
William M. Tompkins

VULTEE AIRCRAFT CORP., DOWNEY, CALIF.

9-1940 to 11-1942

Research test Work in experimental development laboratory on experimental aircraft.and research projects.

Assemble and install parts and equipment for "X" aircraft. Make set-up parts and stands for aircrafttesting and special projects. Install test equipment and units for testing flight characteristics and various aspects of aircraft operating conditions

Understanding principles and functions of all mechanical, hydraulic, electrical, and vacuum instruments used on aircraft and test equipment and operating it. Set up aircraft control operating conditions in laboratory and record results.Installation of experimental transmitting and receiving systems, navigational systems, range receivers for communication. Testing of circular plastic wind shields and enclosures. Testing fuselage, wings, tail, landing gear, engine and their parts before and after assembling. Testing, changing, repairing and adjusting aircraft oxygen equipment, electric equipment, controlsurfaces, power plant assemblies. Tests for study of theory of flight and methods of operating the aircraft safely. Developing and testing fuel and lubricating systems for experimental engines, recording operation and performance.

Bill Tompkins 獲得了 Vultee 的一份工作，負責「X」飛機的工作我可以低頭看看我的房子，然後再看看我們的公寓大樓，生動地看到好萊塢的所有樹木和街道。夜晚清澈見底，有時會顯現出驚人的美麗雲層。我張開雙臂飛行，向西飛越聖莫尼卡和太平洋，不斷地攀升高度。但這晚的夢境完全不同，我試圖擺脫這些並不好的夢境。我也意識到我以前做過很多次類似的夢，但我幾乎都不記得。這些人與我們不同，我看不太清楚影像，他們投射出電影裡一種威脅性的形相。

正如我之前提到的，有一種情況稱為瀕死體驗。這發生在我身上已經超過十五年了，這情形通常出現在傍晚或深夜。據幾位試圖治療這個問題的醫生說，我醒來後，通常是在凌晨三點左右，我出現了因暴力死亡的所有症狀。但這種情況就像出體體驗（Out of Body Experience, OBE），你似乎可以將身體拋在腦後，前往其他地方去，如前往宇宙中其他的行星。

時間回到一九二〇年代，如一九二五年，當時我父親還是個大人物，在好萊塢的聖莫尼卡大道經理他的電影事業。是的，他那時還戴著共濟會的金戒指，與某些人握過手，其中一次的秘密握手還表明著他的位階遠高於三十三級。我的家人和朋友都擠進了父親大型新凱迪拉克的七人座上。我們在舊的兩車道海岸公路101上向南行駛著，我和哥哥總是坐在朝前的大折疊座椅上，就在正副駕駛的後面。我們驅車前往，歐申賽德的私人好萊塢場外色情遊樂，位於加州卡爾斯巴德的兩層樓大酒店以北。

在那裡，我們就在一間叫大公雞（Big Rooster）吃一頓較晚的早餐，然後再驅車前往聖地亞哥，沿著白色沙灘向上到美麗的德爾科羅納多酒店。我和哥哥整個下午都在大酒店中玩耍、吃晚飯，第二天早上在我們的房間裡吃早餐，然後再到游泳池游泳玩水一整天。晚上，在科羅納多巨大的皇間

（Crown Room）餐廳享用一流的晚餐，當天深夜，我們再驅車沿101號高速公路返回歐中賽德的私人成人活動中心。法國殖民時期的海灘住宅分為兩個部分：成人和家庭。是的，我們都是住在爸爸精心設計的家庭式住宅。我們穿著泳衣玩耍，沒有意識到另一個海灘是適合成年人和「不那麼成熟的人」的裸體海域；我們後來才知道，這整個海灘殖民地專為好萊塢的精英而建造的，他們整週成天不間斷地開飲酒和裸體派對。

第②章

「洛杉磯空襲之戰」——親眼目睹美國第一次大戰外星UFO

2.1 被選中了……

我被外星人選中可以追溯到一九四二年，那一年在太平洋加利福尼亞海岸（確切來說是在長灘），是我生命中開創性的一年。一九四二年二月二十五日，珍珠港事件發生三個月後，一件非常奇怪的事情發生了。

那時我十八歲，住在加利福尼亞長灘一棟大老房子裡的一個高檔社區，離海灘只有四個街區遠。我必須要承認，這不算是最好的社區，因為有人把這棟老房子改造成四套公寓，我們租了頂層。低樓層的天花板都有挑高，因此相對地我們這座公寓顯得相當高。

一個晴朗的夜晚，大約八點，我和哥哥正躺在客廳的地板上看報紙時，爸爸突然說：「快來陽台上，你們一定要看看這亮光。」我們的陽台又大又高，可以看見地平線上方和樹木上方有一道亮光。由於其他高樓層的屋頂擋住了我們的視線，我們無法從陽台上看到太平洋。但我們確實看到了異常明亮的光線，狹窄的光束在海洋上往斜下照射約三十度角。

接下來發生的事情令人震驚！狹窄的光束改變了方向，直接照在我們身上。光線如此強烈，照亮了一切：樹木、我們的後牆、後陽台、周圍的房屋和我們似乎都變成了燦爛的白色。光只持續了幾秒鐘，然後一切就變得比平時更暗。這似乎是一個只有爸爸和我才能見證的事件，我哥哥只是把它當作無關緊要的插曲。不知為何，那天晚上我們都早早就睡了。

凌晨一點左右，高射炮開始掃射，聲音很大。記得那時我們與德國和日本的戰爭才剛剛開始，我們以前從未聽說過有這樣的事情。我們跑到街上，看到一個大約在七千英尺高的大型圓盤飛行器，漂浮在我們上空。它在正上方減速後停著。地面有八盞探照燈照著它，同時防空砲彈在其周圍爆炸。大多數砲彈在飛船底部炸開——我們簡直不敢相信這東西竟沒有被炸破或遭擊落！接著有三艘，不止！有五艘船隻出現在它附近，同時也被一些探照燈聚焦著。當它們經過第一艘飛船時，防空炮向每一艘船隻掃射。最後，第一艘飛船終於緩緩離開。

後來，大約有十二艘的幽浮從更高的高度經過並依次遭射擊。這就像被施了個咒一樣；為什麼我們數百名觀看這個事件的人，沒有一個人擔心或害怕？我並不害怕，也不恐慌；沒有人尖叫，也沒有人心臟病發；更沒有人發瘋。唯一的傷亡是我們被落下的砲彈碎片打到。

其他幽浮繼續從頭頂經過，持續近五個小時。我們的岸置防空炮試圖擊落這些奇怪的飛行器，但無濟於事。主要的衝突在凌晨三點半結束，雖然後來幾個鄰居告訴我們空襲仍在繼續，但不知為何，我們一樣無動於衷，直接回到床上睡覺。這個警報一直持續到凌晨五點。後來，我推測這要嘛是一個巨大的無敵艦隊、本身就包含了非常多的船隻，要嘛就是幾艘飛船在洛杉磯上迅速地空飛來飛去、造成巨大無敵艦隊的幻象。

這即是所謂的「洛杉磯空襲」，是近代史上與幽浮有關的一系列事件中，第一起重大事件。這是影響我整個五十七年頭的航空航天工程中，眾多境遇的起始。如今，無論出於何種原因，公眾可能還沒有接受我們所目睹的一切——某個世界早已滲透到我們的生活中。

海軍部、陸軍航空隊和一家飛機公司的成員也有過相似的經歷。這些人包括：海軍上將羅斯科·希倫科特（Roscoe H. Hillenkoetter）、海軍部長詹姆斯·福萊斯特（James V. Forrestal）、陸軍航空隊將軍內森·特溫（Nathan F. Twining）、空軍四星上將將軍柯蒂斯·李梅（Curtis E. LeMay）、麻省理工學院的愛德華·鮑爾斯（Edward Bowles）、萬尼瓦爾·布希博士（Dr. Vannevar Bush）和老唐納德·道格拉斯（Donald W. Douglas Sr.）等等。當時第二次世界大戰正肆虐著，但我們到底能做些什麼來與此對抗？

第二天早上，報紙上報導了在聖莫尼卡和長灘之間的空中發現了外國飛機，幾乎一半的南加州整晚都目睹了事情發生的經過。後來我們發現有兩個較小的不明飛行物被擊落，一個在東邊的山上，另一個在南邊的海岸線外。這些飛行物之後被回收並送回俄亥俄州的賴特機場（現在的賴特——帕特森空軍基地）進行分析。這是在著名的新墨西哥州羅斯威爾幽浮失事墜毀的前五年。

這場所謂的一九四二年洛杉磯戰役是近代史上與幽浮有關的一系列事件中，第一起的重大事件。

在我們進一步討論之前，得澄清一下我們在宇宙中所處位置的現實，以及對我們的打擊有多大是很重要的。我們對這個星球歷史的理解太天真了，從字面上看，在一九四二年二月的時空中，日本襲擊珍珠港僅兩個月後，在我國西海岸，可能有數百艘外星飛船和航天器在加利福尼亞州南部海岸上空蜂擁數小時。超過五十萬人目睹了整個過程，大家都因為目睹了這一驚人的事件而目瞪口呆，幾乎整晚都嚇呆了，而我也是其中之一。他們之中有些人認為這是日本的一次襲擊，但我知道這些飛船不會投炸彈，所以一定是來自銀河系的某個地方。

我推測有一艘巨大的星際母艦圍繞著我們的星球運行，它來自銀河系的某個地方。這艘母艦已經放出數百艘小型登陸型車上岸，並執行一項完全未知的地球任務。對外星人來說，看著我們人類之間因為各種原因而大動干戈，也是頗為擔心。不合和戰爭似乎就是我們人類不變的歷史，而他們也已經觀察了數千年。他們來這裡不是為了接管我們，而是為了調查我們能夠瘋狂地投擲原子彈；更重要的是，他們來這裡是要確定是「誰」給我們帶來如此糟糕的時空。北歐海軍知道爬蟲人長期以來一直在控制我們。此外，核武器技術是一個巨大的危險訊號，也是銀河系中的禁忌。

多年後想起那個壯觀的夜晚，我一直堅信，是的，北歐海軍戰鬥群任務中的某個人想要「選擇我」作為「與他們一起進入銀河系」駐地（地面）的實現者。

2.2 洛杉磯空襲、道格拉斯飛機公司和蘭德秘密智庫

「比爾且慢。你說你會告訴小組有關一九四〇年代，道格拉斯飛機是如何秘密地成為世界上第一個太空智囊團的！」克里斯說，「我已經問過好幾次了，但都不是很詳盡——這到底是如何真正開始的？」

我回答說：「在一九四二年洛杉磯幽浮事件衝擊發生後，道格拉斯飛機公司的首席執行官唐納

德·道格拉斯、海軍部長詹姆斯·福萊斯特以及兩名軍官和一名麻省理工學院的人都目睹了整個事件。回想起半夜曾經看過的巨大母船，依舊讓人震驚。這是有史以來最大規模的目擊事件。有數百艘巨大的「海軍太空戰艦」在飛行，有的甚至就在上方八千英尺的地方停了一個多小時。這讓所有看到的人都難以置信。是的，這些重要的目擊者都知道有影響德國黨衛軍的外星人存在，但這裡可是美國，不是德國！

這支龐大的海軍太空艦隊顯然來自銀河系的某個地方。而出於某種原因，我們認為這支艦隊可能對我們構成威脅？航天器受到我們海軍戰艦的飛機射擊，巡洋艦、航空母艦、停泊在長灘港的驅逐艦，甚至是停泊在聖佩德羅海軍基地乾船塢的海軍艦艇。此外，還有海岸炮兵的陸軍防空炮。一夜之間，他們集體用光了所有的彈藥。每個人都可以看到飛船的船體上不斷地發生爆炸。

讓我們客觀地看待這件事，不要忘記，數百年來，幾個外星文明一直在觀察我們、一直在看著戰爭的發生。令人難以置信，在五個小時內，從銀河系另一角落的一百艘宇宙飛船進入了我們的領空。就在兩個月前，在看德國人轟炸英國的同時，飛船當然也從太空看到了日本珍珠港襲擊事件，現在他們也知道我們的軍事形勢。他們在一個遙遠星球的基地看到了日本飛機攻擊我們的海軍，並派遣這支軍隊來評估我們的威脅形勢。

一九四〇年代，美國從德國的海軍情報人員獲得了令人難以置信、由外星人支持的幽浮研發計劃。希特勒與幾個敵對的銀河文明簽署了條約，並同意用地球人交換先進的幽浮推進器和粒子束武器的外星研究。

加州聖莫尼卡道格拉斯飛機公司的首席執行官唐納德·道格拉斯，構想了一個包括美國頂尖思想家在內的研究小組。而絕密空間蘭德智庫（RAND Think Tank）誕生於道格拉斯秘密工程部門，道格拉斯公司裡的其他人、地球上的其他人都完全不知情。

蘭德如今二〇一六年的總部仍然位於加州聖莫尼卡，智囊團由全球各地的分部提供支援。蘭德的使命是透過客觀的研究和分析來協助改進政策和決策。蘭德的主要客戶包括CIA和國防高級研究計劃局（DARPA）。這個兩千人的智囊團擁有超過三十位諾貝爾得獎者，向美國政府提供高層級的訊息。蘭德公司為美國軍方進行了武器開發、情報分析和大規模地下設施設計的研究。更不為人知的是蘭德公司為美國政府參與了高度機密的外星研究。

第③章

以海軍之名，行調查外太空軍事力量之實——掩人耳目的官方單位

一九四二年初，當時我只有十九歲，一位了解建造艦船模型所需要的技術能力、以及背景環境條件的海軍情報官J.G. 派里．伍德中尉（J.G. Perry Wood），制定了一項任務，並鼓勵我加入海軍。

因為在這段時間我搬了很多次家，所以我的安全入門調查花了很長一段時間才完成。而在這段調查完成的時間之前，我曾在加州唐尼（Downey）的伏爾提飛機公司（Vultee Aircraft）先任職了一份臨時工作。入門安全調查核准通過後，我進入了加州聖地亞哥（San Diego）的新兵訓練營。在那之後，我就正式被任命為加州科羅納多島（Coronado Island）北島海軍航空站的飛機機械師。不僅如此，我還在海軍情報部門擔任一個有關於先進技術的秘密職位。儘管當時我只是一個三等的水手，但在那裡我是擔任指揮官。我的秘密任務和目標是「飛機研究和訊息的傳遞」。

我的任務是向指導總工程師、一位海軍上校，和海軍將軍里克．博塔（Rico Botta）三位不同的高層報告！我的秘密工作任務包含：

「第一，對於實驗性的研究實驗室活動、其他政府機構、教育科學機構、製造商和研究工程師

等進行持續性的調查和維護；第二，主動實行海軍空軍任何局處及辦公室的要求；第三，對特定儀器和技術進行研究，以概述研究計畫。」

我白天的工作是飛機機械師，但我秘密的夜間工作是參加從德國回來的情報官員（也就是間諜）的匯報會議。幾位秘書和我會記錄他們的報告並複製檔案，（我們稱其為「包裹」），然後分發給大學和各飛機公司。於此之前，博塔海軍上將會知會他們，並提醒他們將會收到資料。

我們將「包裹」組裝後，一名飛行員會帶我飛往各地。在那裡我會將資料交給相關的指定人員。即使我只是一個少年，但他們是以我身為海軍上將指定人的身分接待我。之後，經過多次飛行的經驗，飛行員讓我接管飛機的駕駛。我後來有拿到了駕照，所以我可以駕駛海軍上將的私人飛機到不同的地方。我幾乎駕駛過海軍機庫中所有的新飛機。我花了將近四年的時間獲得先進的研究技術，所有的這些都是極機密進行。我還利用先進的科學研究，參與了一些史無前例、非傳統性的宇宙推進技術。

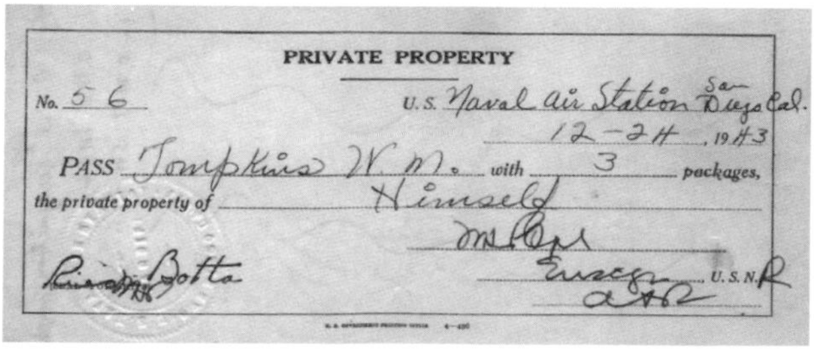

這個通行證顯示了海軍上將的個人簽名

3.1 與海軍里克・波塔將軍的訪談

一九四二年，正是二戰。正如我之前提到的，在這個大型海軍與空軍基地內，海軍上將指揮大樓內有一個秘密空間，基本上沒什麼人知道它的存在。四年來，這個空間接待了比海軍情報部門高幾個級別的美國海軍特工。這些美國海軍特工有一位上將：即是里克・博塔海軍上將。而上將的上司只有一位：海軍部長詹姆斯．福萊斯特。

負責的海軍中尉從德國飛回，彙報了他們驚人的發現：第三帝國親衛隊（SS）異國秘密武器的計劃裡，涉及了納粹所使用的電子束武器、超維物理學、秘密組織和古代的雅利安人。不明飛行物是來自太陽系以外的外星人所給予的。

我們的海軍特工從德國返回海軍上將秘密會議室時，首先向海軍上將、兩名上尉、海軍上將的秘書和比爾．湯普金斯做報告。

其中一名海軍間諜從德國飛回來彙報。一九四二年，海軍承認地球一直遭受來自外星太空軍事力量的莫名威脅與調查。

我是海軍上將里克．博塔的參謀，他直接受海軍部長詹姆斯．福萊斯特指揮。海軍部長是一個極機密海軍太空研究小組的指揮官。他從調查德國納粹親衛隊與外星技術的海軍間諜中，獲得了直接訊息。希特勒、德國和納粹親衛隊已經接受了一項與未知外星生命體的協議。德國將獲得極其先進的軍用宇宙飛船、推進系統、粒子束雷射武器、和神秘技術，這些科技在當時的這個星球上是很難想像的。

與 V-2 和 A-4 火箭導彈不同的是，外星人為德國提供了不需要燃料或電力的能源飛行器；其中包括可操作和未組裝的都有。有一些圓形飛機也是航天器。它們能夠飛到像火星這樣的太陽系行星，然後再飛到其他恆星的行星上。這些圓形飛行器，有些非常大、沒有機翼或尾部，由飛行器外框架上的水平雙旋轉系統推進。德國人還建造了大型圓形試驗樓，用於評估這種完全未知的推進方法。這些測試中心大多位於非常大的地底下，或是生產設備附近的山區。還另有一項協議，就是讓外星人與年輕的德國女孩進行雜交，以控制德國人民的思想。

3.2 宣傳雅利安統治

有天晚上，海軍上將的助手在凌晨三點把我叫醒。「杰斐遜又來了。」他說現在已經開始在彙報了（這之前從來沒有發生過）。

ＩＤ 56號的克利福德．杰斐遜（Clifford Jefferson）中尉參與了德國的宣傳計劃：他說他們為德國人民注入活力的方法，與他們對圓形飛機的推進系統一樣不真實。「這是什麼意思？」將軍問。

「將軍，親衛隊用來控制人民的研究計畫中，有一種是像邪教宣傳的方式。他們以一種類似於宣傳的方式，在電影中推廣。這些電影是給一般公民在電影院觀看的。在德國，大多數人幾乎每週都會去看電影。他們放映出來的影片被修改過，讓觀看者的心靈逐漸脫離現實。他們總是會讓觀眾強烈地想繼續觀看下一部電影。讓人沉重的是，這裡指的電影不僅僅只是部電影，裡頭充滿了觀眾看不到、且無法察覺的訊息。」

「我很困惑，56；這完全沒有道理！」

56接著以一種異常矛盾的方式回擊海軍上將，很生氣地說：「將軍，我試圖解釋納粹親衛隊對思想系統的控制，這種控制現在在整個德國和被佔領的國家都很普遍。這並不容易，將軍。不要再叫我56了；我已經歸隊了。我的名字是克利福德．杰斐遜中尉，將軍。」

「請描述的更具體一些，年輕人。」海軍上將說。

56繼續說：「德國的宣傳幾乎抹去了所有歷史，並為德國人提供了一種新的生活方式，讓他們的青春充滿活力。雅利安人被告知他們比世界上所有其他人都優越。『對他們所有人來說，一切都會變得更好』，過著充滿活力的生活。現在是德國人的烏托邦時代。」

中尉繼續說道：「我不想深入第三帝國的邪教層次，這實際上是當今親衛隊盛行的撒旦（Satanism）崇拜方式。雖然這麼說，但深入了解納粹如何控制他們的人口，甚至是如何控制德國軍隊還是有必要的。

在納粹親衛隊高層每週進行一次的儀式是：犧牲一些年輕女孩，在吃掉她們之前先喝她們的血，這是一種病態的方式以驅動整個第三帝國。這種扭曲的管理國家方式，甚至在第一次世界大戰之前就已經盛行，與國王、王后、家族管理的歐洲國家的貴族，一起回到黑暗時代。

透過在電影中使用精神控制，在電影中驅動所有的觀眾。烏托邦的這種潛意識訊息並沒有展現在觀眾面前。他們不知道任何東西都已植入在他們的腦海中。還有「未來美好的生活」也都透過心靈控制，甚至透過廣播、報紙、書籍植入在他們的腦海中。將軍，別忘了：他們燒毀了所有歷史書籍，並印刷了與新自由德國奇蹟有關的所有內容來取代。

接下來的彙報持續了幾小時。但是在聽了杰斐遜中尉（56）關於德國電影精神控制的報告後，我想起了父親的電影事業，他於一九一七年在好萊塢建立聯合電影公司。他是總經理。那是一個非常大的電影實驗室，位於聖莫尼卡大道附近，裡面有所有的技術人員。他們將每位導演的新電影轉換成一百四十種不同的語言發行，每部新電影再復刻成一萬份副本，並將其運送到所有其他國家的影院。這是向世界上每個國家的人民展示每部「首映電影」。喔！天啊！現在看起來不是那麼有趣了。

第二天早上，在我們結束簡報之前，我詳細介紹了我父親的電影事業，並透露著我父親參加共濟會第三十二級高層的事實。海軍上將說：「你爸爸在所有電影裡都加了什麼？你父親是想控制整個世界，並在親衛隊之前就接觸外星人了嗎？」

3.3 歷時四年的機密調查

正如我之前所說，我還有幾項職責。其中一項是飛到全國各地，傳遞海軍特工提供的德國先進技術研究文件，並建立初步的開發計畫。其中一項任務是利用海軍上將的行政專機 DH-2 飛往海軍研究基地、加州理工學院等大學和較大的航空公司：如諾斯羅普（Northrop）、洛克希德（Lockheed）、北美（North American）、波音（Boeing）、柯蒂斯（Curtiss）、道格拉斯（Douglas）等。我會先以外星人機密簡報與那些高級設計人員建立聯繫。當時道格拉斯位於聖莫尼卡和埃爾塞貢多（El Segundo）。道格拉斯絕密智庫在這兩個地點運行；我多次飛往道格拉斯。

傑克・諾斯羅普（Jack Northrop）在道格拉斯的埃爾塞貢多工程部門辭職後，曾幫助過這個部門發展。後來他成立諾斯羅普航空公司。諾斯羅普有一個德國人，他也曾參與道格拉斯智庫和飛翼飛機概念的設計。我不記得我提交秘密海軍文件時，那些聽我做簡報的研究面試官的名字，但傑克應該是其中一員。我在那次會議上提供的訊息是我們海軍特工的精確版本，是德國先進的太空飛船報告。我解釋了海軍上將的數據以及啟動某一項可能的研究計劃意圖。

將外星人在地球上存在訊息暴露給頂級航空公司的意圖，只是我們研究太空組織領域的一部分……當時這是一個完全令人難以置信的真相。

出於某種原因，所有這些令人驚奇的深空銀河訊息，都繼續透過海軍上將的辦公室過濾後再送出。這對我來說不受任何影響。所有這些令人難以置信的數據將徹底改變地球上的一切和每個人的生活。就我而言，這就像辦公室裡的例行公事一樣。我們在銀河系中的處境變化如此之快，以至於我們無法跟上這速度。但在我看來，一切都還好，就像海軍上將多次說過的那樣，這都是正常的事情。的確，一些大型的「走出這個世界」外星計劃，需要更多的訊息與資訊，才能讓我們接受計畫有實行的可行性。但是，我們必須要說，這計畫實在是件令人興奮的事情，沒有什麼人會相信。這四年來，我從來沒有因此感到不安。

海軍上將讓在德國的海軍特工，調查秘密外星人數千個極其先進的銀河太空計劃。其中一個無人相信的是，第三帝國親衛隊正在實施一項千年計劃，以征服銀河系這一臂上的所有行星和衛星。海軍特工不斷調查德國先進的太空發展，有時會驅車在德國各地秘密地下的研發中心，進入其地以拍攝他們的飛碟、三角形飛行器和更大的雪茄形宇宙飛船。其中一個設施位於一處極其奇怪、高達兩百英尺、寬達四百英尺的混凝土測試結構中。在實驗室中央有一艘二五〇英尺長的圓形銀碟飛船，是由未知的鍋爐板金屬製成。這艘飛船漂浮在（或是拴在）圓形混凝土測試結構的中心，高兩百英尺。在這些攻擊艦的上下船體上，安裝著大型炮塔武器，在某些影片中仍然看得到這艘大型的飛碟飛船。這些攻擊艦設計來執行太陽系中的任務以及鄰近星系統的任務。其中一個墜毀在火星上。

希特勒被殺後幾年，其中一艘具有反重力推進、自動粒子束武器的大型圓形宇宙飛船飛向了火星；其中有一個主角是德國海軍的船員。這是一次非常長的飛行單程任務，困難重重。進入火星大氣層的困難成為一次不可能的任務。最終他們墜毀，整個機組人員無人生還。但是德國人的火星任務卻是人類第一次對太陽系中的行星所進行的任務。

在TRW的一場雨舞中，我分享了我在聖地牙哥海軍的日子。（編著：比爾偶爾會使用「雨舞」一詞來表示為特定目的而召開的緊急會議，如同美洲印第安人用來向上天祈雨的會議。）

「比爾，根據我們的安全檔案，你在一九四二年是海軍情報上將的員工，所以你確實了解德國人如何在先進武器方面遙遙領先於我們的基礎。」

「是的，羅傑斯博士（Dr. Rogers），很高興你提到這段時光，因為對我們來說，這令人難以置信的接觸是如此的不真實，以至於我需要畫一幅畫、寫下來，讀給自己聽後，我才得以接受這是現實。我們在德國的海軍特工，首先向里克．博塔海軍上將報告他們獲得的秘密訊息，然後再向華盛頓報告。我是博塔的工作人員，當時在海軍上將的機密會議室記錄了這些報告。這些會議都只在午夜之後舉行。」

「等等，比爾。」克里斯打斷道，「你曾多次談到你在二戰期間花了四年的時間在海軍絕密情報做事，但你從未提過細節。你們那時到底做了什麼？」

「是的，比爾。」蒂芙尼插嘴道，「你對那些整夜陪你工作的女孩做了什麼？」

「這很複雜，好嗎？我們被指派到加州聖地亞哥的海軍北島海軍航空站工作。我們進行的秘密外星行動是在海軍基地的組裝和維修（A&R）工程設施中進行的。A&R的組織方式就像一九三〇年代後期的一家航空公司，如洛克希德或道格拉斯。但這個星球之外的東西、還有我所認知的，對於美國海軍的任何人或軍事機構中的任何機密組織來說都是完全一無所知的，除了那些『需要知道』權限的高層外。基地上的每個人都認為，我們正在為維修的飛機、或海上中隊短缺的飛機採購零件。」

「好吧，比爾，你們都秘密行動，但你怎麼能飛到全國八十多個秘密研究機構，而沒有錯過任何的工作？」克里斯問道。

「簡單，我每個月都有飛行任務，在飛行戰術訓練任務中隊當飛行員和飛行工程師；我幾乎駕駛過海軍機庫中的所有飛機。但大部分時間我都駕駛船長的飛機（里克．博塔海軍上將的）。」

克拉克斯頓博士（Dr. Claxton）問我：「比爾，你曾說，為了要完成你在東方的一些任務，你都只需在前一天晚上打電話給海軍上將的飛行員，然後在早上六點出現後飛走。」

我回答說：「起飛後的第一週，飛行員要我接手控制飛機。他教了我飛行員需要知道的一切，包括導航。但當要離開基地時，我確實會在下一次要飛行的前一天打電話給克里夫（Cliff），給了他我們會面的地點，像是在賓州沃敏斯特（Warminster, Pennsylvania）的美國海軍發展中心。他訂了可乘載七人的高翼霍華德 GH-I 輕型運輸機。這通常用於西部各州的航班，但對於東部任務，克里夫會選擇海軍上將的十四人座洛克希德 Loadstar RSO-5，類似於商業運輸的用途。克里夫會確認天氣並提交一份秘密飛行計劃。海軍上將已經在我的秘密文件通行證上簽了名，所以我只要提著我的公事包，就可以起飛啦！」

3.4 全機場關閉，配合海軍上將的飛機降落

一九四三年我駕駛的飛機，是海軍霍華德 GH-1 輕型運輸機。這飛機不是我的，是海軍上將的。

但近四年來，我每週都會和他的飛行員一起駕駛。有一次結束秘密會議，從聖莫尼卡道格拉斯航空公司工廠，飛回聖地牙哥北島海軍航空站時，我從 DAC 起飛，向南飛行了大半個里程數。但是預計返回聖地亞哥基地的航母航線非常繁忙，於是我們換了座位，讓丹尼（Danny）接手。我們在八千英尺的海拔上空五英里，準備申請著陸許可。當時的北島空軍基地沒有主要跑道。我們決定採取氣墊式起降；即是當你在海軍著陸時，你要嘛撞到甲板（航空母艦的木甲板），要嘛撞到被百分之九十的瀝青和雜草覆蓋的停機坪。足足有一半的島是平坦的，所以整個中隊可以同時起飛。著陸也是同樣道理：所有飛機同時著陸。

突然，右舷發動機冷卻板中冒出了濃煙和火焰。我們打電話給北島的塔台，報告了緊急情況。GH-1 在發動機防火牆前面有一個滅火器，但這沒起任何作用。現在真的是一個糟糕的時機點，因為即便是塔台要求中隊隊長從海上五十英里的航母返回，我們的飛機燃料還是不足，不得不降落。一眾戰鬥機、轟炸機和魚雷轟炸機都在我們周圍試圖跟著我們一起著陸。因此，我們在五十架同時進場的飛機之間穿梭來進行著陸。傾斜、轉彎、攀爬和潛水，我們倆在最後一分鐘把桿子拉回來。大型普惠發動機仍在運轉，讓飛機免於熄火，但還是噴出了黑煙和火焰。戴夫（Dave）是一個非常好的副駕駛。他說：「我們有兩支滅火器；當我們停下來時，你走右舷，我去左舷，看看我們能不能救活這隻老山羊。」飛機撞了個塵土飛揚，並彈跳了好幾次才停下來。三輛消防車試圖避開所有旋轉的螺旋槳，停機坪被煙霧和灰塵覆蓋。戴夫和我像專業消防員一樣操作著滅火器並撲滅了火勢。原來這只是漏油，我們的人在四天內把它清理乾淨再繼續飛行。

A&R 大修操作是我高級研究的掩護。每個月看到聖地牙哥工廠修理 F-2F 帆布覆蓋的戰鬥機和舊的兩翼道格拉斯魚雷轟炸機，讓我對他們的生產操作感到驚訝。一九二〇年，A&R 這詞就有點用詞不當，因為當時海軍每天試圖降落在第一艘航空母艦蘭利號那狹窄、傾斜的飛行甲板上，因而因此撞毀了一架飛機。然而，這現在是一個非常有效的生產操作方式。有時不到一個月的時間，就可以將回收的墜毀材料與新機翼、武器和更先進的發動機組裝在一起。這需要大量的工程和製造技術。當時工程部的技術很進步，一切完美無瑕。團隊由合格的總工程師（艦長是我其中一位老闆）、團隊工程師、設計師和繪圖員所組成。我的辦公室和團隊與總工程師不在一起，我也沒有名列在海軍的任何組織結構圖上。我的第二個上司，是另一位機長，也是飛機支援主任——海軍情報的另一個暗樁。而我真正的上司（我是他的員工）是一位戴著兩頂帽子的海軍上將——里克．博塔上將。

對外，他是聖地牙哥海軍航空站的指揮官。但除了福雷斯塔之外，誰都不知道，他也是這個全球情報收集站的秘密指揮官。當海軍特工第一次從敵國執行任務返回時，他是第一個向福雷斯塔匯報的人。

我的團隊包括一名支援我的秘書、海軍上將的特工和特工們的需求。同時，我口述的文字有四位漂亮的年輕女士幫我打字；他們也聽打特工記錄的口頭報告。此外，我幾乎可以掌握整個照片沖洗實驗室，實驗室有三

Bill 在北島工作時享受秘書們的陪伴。

位支援我一切事物的年輕可愛女士和文檔部的五位女士。

很多時候，特工們在德國目睹的一切，對他們來說都難以解釋，因為在美國的機庫中根本不存在這樣的東西。沒有任何言語可以解釋他們所看到的一切。一名特工在簡報中提及，此簡報是關於德國人稱之為「船隻」的詭異未知圓形飛機。他說這些「船隻」已經過設計、依原型製造和並廣泛測試。他們有幾種類型的電力推進裝置，且是在令人難以置信的短時間內開發出來的。令人擔憂的是，這些「船隻」現在正用奴隸勞動在地下工廠進行大規模生產。更令人驚訝的是，這些「船隻」由多達二到六名飛行員操作，具體取決於任務。這些飛行速度有可能達到令人難以置信的每小時一千英里以上。我們的特工描述了另外四艘「船隻」：一艘錐形、兩艘碟形和一艘直徑至少五五〇英尺的大型船隻。這仍在圓形試驗台上進行測試，並裝配了海軍炮塔式光束武器。測試人員稱其為「戰艦」。所有「船隻」都裝配著不同類型的光束武器。

這一切有時讓海軍上將很難理解。當操作員繼續觀察時，我的大腦會形成一幅畫面，一個物體或系統的配置，我的潛意識就會顯化出來。有時，當操作員繼續解釋這件事時，我會想像配置如何與他還未描述的元素組合在一起，因為他可能沒有看到其他複雜、受測單元中的部件元素。我會配置幾種可能的設計，並確定似乎是這樣的：「就是這樣！」特工帶進房間的一些東西是如此具有前瞻性，以至於完全無法解釋。無法合理解釋之餘，我們（有些人）終於接受了來自「那個地方」的某些東西或某些人，正在幫助德國人。

我會對這些計畫進行初步的草圖試擬，並將它們含納在我的報告中。有時在審查會議上，海軍上將對我的報告非常滿意，雖然並非總是如此。如果操作人員有參加審查，他會對我的配置感到驚訝，因為他從未想過該系統可能可以用於此目的。現在沒有人這麼稱呼了，但我經常「遙視」德國人操作該系統，並最終確切地了解他們正在完成的工作。事實證明，這與我們所有的海軍高級研究計畫相同。越來越明顯的是，如果我們接受一些日後會發生的情況，我們將面臨未來潛在的災難性危機。

一位兼職的女員工在A&R工程領域工作了超過十五個月。她告訴我去年發生的一件令人難以置信的事件；她說一定有相關的文件資料可以找到關於（但我無法找到），九四一年夏天，NAVSEA證實了一艘奇怪的圓形車輛文件。該車被發現漂浮在離加州聖地亞哥海岸，約七十英里的海洋中。那是在我被調到里克·博塔海軍上將擔任參謀之前的九個月。那究竟是什麼？來自哪裡？

3.5 作為快遞員的近距離通話飛行

在我們的訓練任務和頻繁飛行交付包裹的過程中，發生了很多有趣但又很離奇的事情，有些很有趣，有些很可怕。

一九四四年，這一天西海岸格外美麗，陽光在藍色太平洋的白浪上閃閃發光。我們三個乘坐V形編隊的新型戰鬥機，正從早上的訓練任務中返回到航母上。

「請求上船，長官。」

「准！」航空母艦透過無線電傳來回應。

「在八千英尺處，我們正從你的右舷著陸接近。」我稱為「右梯隊」，阿特·戴維斯（Art Davis）中尉在肯·卡森中尉後。當我們準備進入著陸圈模式時，一種奇怪的感覺湧上我的心頭，好像我們不是在八千英尺的地方，但這一切卻發生在銀河系之外。我向左傾斜，開始第一個一八〇度轉彎，接著是我的副指揮官史蒂夫・卡森中尉，然後是阿特・戴維斯中尉。我將第二個一八〇度的順風進上風「最終」到航母，很快鉤子將我固定在甲板上。我滑行到前部電梯，隨後到甲板上，在那裡人員將我推到停車站放好輪擋用繩子栓緊。往前看，我看到阿特的飛機被推下電梯進入機庫。我們三個都一次就能勾上天鉤；這一次的整個登陸操作堪稱完美。

「歡迎登機，長官」當我們從開放式駕駛艙爬下佈滿織物的下機翼時，機長對我喊道。在航母上要再次勾上我們的海腿是有點困難。

我第一次從 NAS/SD（海軍航空站／聖地亞哥）到 MIT 的海軍飛行是為了讓他們研究外星航母通訊。這個麻省理工學院的實驗室並不位於馬薩諸塞州，而是位於加利福尼亞沙漠中的中國湖武器研究中心。那是在一九四二年。二戰正肆虐著，麻省理工學院正在研究先進的軍事通信。登陸中國湖後，當我被介紹給他們三位正在研究德國／外星人通信的資深科學家時，我感到很驚訝。在試圖了解外星人如何在太空中交流之前，了解他們的語言是必要的。

還記得我在聖莫尼卡醫院的哈丁叔叔，在埃及金字塔內度過了他所有業餘的時間嗎？嗯，這就是我們的家人試圖做的：破譯埃及語言。麻省理工學院解決了這問題；外星人操著完美的德語和英語。

3.6 VRIL 和 1443

「就是這個女孩。」從德國回來的中尉說道。

「我知道，年輕人，那個國家有很多漂亮的女孩。」

「不，長官，這不同，完全不同。」

「什麼意思？」

「嗯，正如我之前所說，在德國東北部，有很多秘密組織。從歷史上來看，這幾千年來，它們在歐洲的這個地區盛行著，現在甚至傳到了漢堡（Hamburg）以北的地區。」

「說重點！」

「這個女孩，有人告訴我……」

「告訴，告訴？你被告知，是什麼意思？誰告訴你什麼？」

「我被秘密告知，這個女孩，早在一九一一年，在她十六歲時，就受北歐人的指示，設計並建造了一艘大型太空船，帶著她和她的家人飛到另一個恆星的太陽系。就是這樣，長官……」

「天啊，你一定是瘋了。」

「不，我沒瘋，至少現在還沒。他們說她成立了自己的秘密社組織。那個藍眼睛的金髮女郎是世界上最美麗的女孩，她需要選擇其他幾個女孩來幫助她完成任務，然後再全部搬到另一個星球。」

「你最近有沒有休息，年輕人？接下來的三周任務我會替你調整一下。」

「不用，長官。目前在德國有兩個相同級別的太空計劃在運行。一個由德國東北部的這位金髮女郎領導，另一個由親衛隊管理，遍布整個德國占領的地區。」

「這是可以理解的；我們做同樣的事情？」

「不，沒有；是這個女孩。」

「該死，停止你對金髮女郎痴迷的廢話，報告親衛隊的技術結果。」

「但是，長官？」

年輕人開始變得非常沮喪。海軍上將里克．博塔插手道。「該死，年輕人，你可以在接下來的三個星期裡和美國女孩玩在一起，清醒一下。」

我插嘴說道：「我相信他指的是德國一個一直在設計和建造太空船運輸工具的民間團體。」

「你指的到底是什麼，湯普．金斯？你某一次『看到』的嗎？」

「嗯……是的，海軍上將。我曾多次看到丹麥和德國有大量想要離開地球的人。」

「離開這個世界？我也想這樣做；這可能是一個好主意，因為目前一切顯得如此混亂。」

他的耐心耗盡，年輕人插話道：「長官，比爾是對的。將軍，這都是真的；從一九〇〇年這就開始了。還包括許多工程師、化學家，的確，人民已被告知並確信在其他恆星的行星上，生活要好得多。這個女孩就是啟動這計畫的人。」

我再次打斷他說：「他的金髮女郎實際上一開始就聯繫了其他幾個金髮女郎，組織了整個農民計劃（是的，甚至柏林的一個鞋販也是）以建造一個近公里長的太空交通工具，可以運送一千多人。」

「你們在說什麼？」

「上將，這是真的，中尉在這裡報告的。」

正如你們有些人所知，二戰後，德國繼續在位於南極洲巨大洞穴內，生產這種級別的宇宙飛船和所有其他奇妙的宇宙交通系統。

3.7　非雅利安人的滅絕

一天深夜，當我在軍官宿舍睡覺時，海軍上將的助手兼飛行員克里夫特（Clifford）拍了拍我的肩膀。

「該起床了比爾。他來了。」

我趕緊穿好衣服，他二話不說，護送我去船長樓的秘密會議室。我以前去過那裡，所以這些午夜的會議並沒有讓我感到不安。出於某種原因，我對這名特工（海軍情報員，又名「間諜」）將要透露的內容非常感興趣。有時他們從不提及自己的名字，例如，只是Op 321，然而，這個傢伙不斷地稱自己為「黑桃」（Spade）。

「海軍上將，我知道你希望我繼續提出去年三月報告的德國重水和重力推進計劃的觀察。我會的，但首先，在另一個領域發生了一個極其奇怪的事件，德國親衛隊史料組（SS Historian Group）在某一件事情上，正花費極其龐大的資源。

「繼續說！」海軍上將道。

「我認為這與他們在德國及其他被佔領的國家中，對非雅利安人進行大規模的滅絕和奴役有關。這種方法的作用類似於在黑暗時期，殺死歐洲七億人的腺鼠疫一樣，可以在任何地點和任何天氣下被啟動。」

在海軍上將提出幾個問題後，「黑桃」繼續說道：「出於某種原因，德國人相信黑死病是作為減少地球人口過剩的一種方法而引入的，如果它可以被控制和隔離，這正是親衛隊所需要的。看來這次大規模滅絕的努力具有很高的考量，甚至得到了赫爾曼・戈林（Herman Goering）的支持。親衛隊堅信，他們將憑藉先進的武器，和成千上萬的某種克隆衝鋒隊贏得歐洲戰爭。逆天？是的，海軍上將，這太不可思議了，就像我們在那裡看到的所有一切一樣。雖然他們目前的毒氣生產方法仍在持續著，但他們的計劃是繼續調查一切可能的方法，以消滅地球上所有的非雅利安人。」

3.8 德國精神控制

當上尉向321中尉詢問幾個月前提到的「這種對人們思想的控制」時，話題發生了變化。

「嗯，長官。這個議題不僅僅只是表面上、對德國人民的思想進行大規模控制、使這些人不知道親衛隊正在實施什麼計畫有關，實際上還牽涉到、反對者被徹底毀滅和謀殺。是的，長官，親衛隊正在使用藥物來改變被佔領國家全體人口的大腦功能和心理能力，連地下工廠的奴隸勞工都無法倖免。」

「你的意思是這種對人們思想的控制，在整個德國都很普遍？」海軍上將問道。

「是的長官。這在學校裡就已經實施，要他們終生服從獨裁統治。控制他們思想的學術研究實驗非常廣泛，在德國各地仍在持續著。有時，研究心靈實驗的實驗室會生產完全改變個人意圖的迷幻劑。長官，在那裡的軍隊中，控制思想的範圍很廣。他們還提供了數百萬個能夠在戰鬥中，無所畏懼的克隆士兵。」海軍中尉繼續說道：「現在在德國開展的另一個相關的廣泛計劃是，使用毒品來影響和控制人們，透過開發和使用先進的化學藥品和心理方法來改變他們的正常行為，從而使親衛隊能夠完全控制祖國和歐洲被佔領國家的所有人口。」

「德國潛水艇呢？」海軍上將問道，「聽說他們的海軍一直試圖為潛水艇水手提供『擴展心靈智力』是嗎？」

321情報員回答：「那個計畫不僅僅只用在他們的海軍。那些改變思想的方法在所有的軍隊中都在使用。但令人驚訝的是，他們的幽浮非常容易駕駛。正如我之前所說，那些直徑二五〇英尺的鋼製宇宙飛船，就像風箏一樣容易飛行。長官，他們不需要任何思想控制來驅動這些飛船；它們不僅巨大而且可以繞著地球飛行，不需要燃料。他們的海軍任務包括巡邏和在銀河系中飛行，而不僅僅是在太陽系中。」

「年輕人，你偏離主題了」海軍上將說，「而且不要忘記它們仍在生產中。」

早上八點整，一九四三年三月十二日，我們已經在那裡待了將近五個小時，中尉從德國長途飛行回來，一定累壞了。

「好吧，冷靜點，中尉。」海軍上將冷漠地說道。

「但是，長官，我並不誇張。親衛隊真的不是人類。我的意思是他們有些人不是來自這裡。可以肯定的是，某種邪惡的力量遍布德國。在黑暗時期之外，某些力量正在支持德國各地數百個大規模的未來派思維改變發展。甚至在一九一四年親衛隊存在之前，德國人就已經採用了許多異國情調的邪教方法，來構想一個完全不同的文明。不僅僅在這個星球上，在整個太陽系和銀河系中，已使用控制人們的思想來運作。」

3.9 延長壽命，生產飛碟

一九四三年初，一名未透露姓名的年輕海軍特工剛從德國回來，向海軍最秘密的情報上將博塔匯報工作。時間是凌晨兩點。

他用顫抖的聲音說：「海軍上將，」他因為寒冷或過度緊張而聲音顫抖著，幾乎就像在家裡跟嚴厲的爸爸講話一樣。

「在整個德國，檯面下都發生著奇怪的事情，這讓我們更加清醒，長官。我指的是在秘密實驗室檯面下。他們不僅將成百上千的 SS 克隆人作為衝鋒隊，而且還計劃創建一個全新的雅利安人種族，以佔領整個地球、太陽系和所有最近恆星的行星。這些被選中的人將接受治療，使他們能夠活到一五〇、二〇〇、一千年或以後的二五〇〇年。他們的大腦功能將擴展四倍，他們的身體將像德國神一樣保持在三十歲且非常健康。他們能對任何類型的疾病完全免疫。他們不是要貢獻給舊祖國二十年，而是將為新星際祖國貢獻千百年。」

「年輕人，我同意你關於克隆的看法，但那些德國科學家不可能將一個人的壽命延長到兩百歲。」船長也認同這個說法。

「嗯，長官，在德國中部地下就僅僅有十七個實驗室，參與了這個計劃，對數百名目前正在接受治療的非志願者進行試驗。」

「怎麼了，年輕人？」海軍上將問道。

「我們仍然不知道，先生。但回到德國，這必須以某種方式參與到他們對飛碟機研究的擴展和轉變中，將其轉為限量生產，並可能轉為大規模生產。」

「放下『先生』，進入正題。」

「就像戴爾．菲利普斯中尉上個月報導的那樣，先生，哎呀，這些飛機沒有機翼、垂直或水平穩定器；他們稱為『懸浮者』。這些圓盤不知何故，由一種奇怪的反向重力作用推進器提供動力，它是由工程師稱之為『磁力場脈衝』的原理所啟動的。到目前為止，我們在東德有七種不同的設計；但這只是在一個擁有三個基地的部門所設計的。毫無疑問地，更多類型正在開發中，就像我們上個月報告的四十三種一樣。

「一架超大型六引擎轟炸機正在同一部門進行飛行測試。他們都使用相同或相似的權力，生產磁盤越來越大，有些有八個工作人員。一類是一個大圓盤，有三十名船員，速度超過四五〇〇英里／小時。這些車輛裝備有粒子束武器，射程很遠。此外，這些車輛也很容易操作；在測試中隊和設施周圍看到的飛行員都穿著德國海軍制服。起飛不需要機場跑道，磁盤可以從承包商的小型停車場起飛。不同的版本越來越大，整個盤式飛行器機隊在德國各地的速度之快，令人震驚。」

「不可思議」海軍上將說。

「這就像有人給了他們設計圖，然後他們才可以開始製造。有數百家小公司支持這種生產，開發具有驚人任務能力的全新飛碟。有一種形式的飛碟已接近完成，直徑超過三百英尺。

（編者：很多問題仍屬矛盾，如果德國人有幽浮艦隊，他們為什麼無法贏得戰爭？以編輯的立場來看是：我相信德國海軍沒有告訴希特勒他們的全部能力，並主動開始行動，在戰爭初期就已經開始把先進的技術向南極洲轉移。我也只聽說過一次德國不明飛行物，擊落我們襲擊德國的轟炸機事件。）

3.10 回顧 TRW 的秘密計畫

許多年後，我繼續討論我在聖地亞哥海軍航空站四年的海軍情報工作。

肯杜瓦爾（Ken DuVall）博士說：「四三五二計劃中的保羅．塔圖姆（Paul Tatum）對德國不明飛行物感興趣。既然我們有你的確認，比爾，我希望他能審查這一披露，並可能讓他加入這個委員會。

「等一下，比爾。不，這週你不能重新啟動那些古老的歷史。」里斯（Reese）補充道。

「等一下，年輕人。」杜瓦爾博士插嘴道：「我對你們的海軍特工，對德國幽浮發展的評論非常感興趣。」

「是的。」蒂芙尼補充道，「那些性感的金髮美女外星人做了什麼幫助德國人建造他們的幽浮，比爾？」

「好吧！夥伴們，讓我們回想一下一九四二年在海軍航空站的情景。珍珠港事件發生還不到一年。讓我們回到一個每月發生幾次且令人難以置信的事件上；（有時每週一次）在一個光線充足的秘密會議室裡，這是該國最機密之處。」

有時在審查會議上，海軍上將對我的報告非常滿意。有時參加簡報的操作員對我的配置感到驚訝，因為他從沒想過他所看到的飛行器或系統可用於我的設計裡。我自稱這個為遠距遙視技術（remote viewing），從來沒有人這麼叫過。

我獲得基地指揮官海軍上將里克波塔簽署的機密文件授權，每月使用他的飛機飛行數次。就像我說的，我飛往三個基本地：大學，例如在幾乎所有技術領域都是最先進的麻省理工學院；洛克希德等飛機公司，和政府研究設施，如中國湖海軍武器中心和白沙測試中心。很多時候，阻止我們進入這些高級研究基地的唯一因素，就是極端惡劣的天氣。甚至機場塔台也會通知天氣條件惡劣，而要我離開。

我與七個女孩在這奇妙的幽浮調查專案計畫中，建立了德國訊息文件分類檔案。我們在全國要先通知哪一些機構？加州理工學院還有他們的威爾遜山望遠鏡、加州帕薩迪納的噴氣推進實驗室、中國湖麻省理工學院、NADC 的 Spook 實驗室（位於賓州沃明斯特的海軍航空發展中心）。我們選擇了重點研究的大學和飛機公司，作為特定領域研究的計劃中心。這些將包括威脅程度、空間環境、天文學、不明飛行物、能源需求、推進、通信、材料和研究文件的準備。所有這些都將在秘密運作的組織中持續進行研究。

與布魯斯（Bruce Marshall）博士一起回到 TRW0700，當他在九〇九八早晨開始進行雨舞時，他說：「湯普金斯，你回到在海軍四十二年當中，其中四年所做的事情，確實在我們生活中建立了外星人的基礎。」

「嗯，是的，博士。里克波塔海軍上將的團隊，接受了海軍部長詹姆斯・福雷斯特直接的任務指派。海軍上將的使命宣言每年更新一次。這個團體沒有公開身份。我們全體都是依據一定的標準目標前進，從不透露我們對外星人威脅的參與計劃。一九四二年，這是海軍第一次對地球外星威脅進行高級研究調查。」

請記住，在南加州一九四二年洛杉磯空襲戰役中，我們至少擊中幾艘外星海軍戰鬥群艦。海軍部長福萊斯特指派里克波塔海軍上將執行一項秘密任務，並把我引介到海軍高級研究組織；我從未被告知原因。是的，我在籌建時被直接分配到這個小組，在整個海軍生涯中都在其中工作。

我的任務是部分直接複製里克波塔海軍上將的任務聲明、調查和構想，以對抗一九四二年二月進入我們領空上外星戰爭團體的威脅。

直到我在一九四六年光榮退伍之前，這件事我從未公開得知過。我們的工作是要求該國所有領域必須知道，外星人控制我們的威脅。福萊斯特國防部長希望里克波塔定義出，與它們作戰所需的所有方法及程序，並評估我們的軍事態勢。宇宙是否充滿了生命？有些好人在哪裡，而其他人真的很壞嗎？我們將尋求影響我們局勢的所有國家和到全球倡議，並利用所有軍隊、私營公司和大學來了解威脅。同時，在舊金山建立一個秘密的專利收集中心。

3.11 納粹正遷往南極洲

我記得有天深夜在聖地亞哥舉行的一次匯報。里克．波塔海軍上將似乎壓力很大，就像今晚這樣。好吧別惹他。我想，現在的時間比我們應該開始簡報晚了半小時，而特工已經到了。加德納蒂姆（Tim Gardner）隊長，是總工程師，我的其中一位老闆，他確認了五三九號行動的最新消息，更加緊張了。秘密會議室的門上發出奇怪的咔噠聲，值班的警衛把頭探進去，就只是他的頭。然後另一顆腦袋從他身邊擠過去。是尼爾．米恩斯隊長（Captain Neal Means），也是我的另一個老闆。

他說：「長官，他在這裡，但並沒有要審問的意思。」

波塔站起身來，大聲怒吼道：「今晚我需要確認！」接著，更溫和地說：「來，我幫你五三九；我了解你的情況，也了解你的壓力——這一切都不容易。」

我站起來，在隊長的幫助下，將五三九搬到椅子上面。年輕的錄音師（打字員）替他帶了杯咖啡，會議室裡的緊張氣氛緩和了一些。海軍上將再次開口：

「暫時先不管你的介紹和報告中的其他計畫。你有沒有確認親衛隊正在調動他們所有的高級研究人員、工程、製造、生產、中隊飛行訓練等工作，甚至有能力消滅地球上的每一個盟軍城市和非雅利安人？（我對海軍上將想要完全理解這種情況所涉及到令人難以置信的後果，感到很驚訝）

五三九又喝了一杯咖啡，回答說：「完全正確，從各方面來看，確實有成千上萬人的生命已消失。至少有十一個地下奴隸基地裡，所有的一切都消失了。連空調和發電站都不見了。」

波塔海軍上將打斷了他的話。「這是從一九三九年七月就開始了嗎？」

「是的，長官。」

「不用再一直長官來長官去了。這一定是地球歷史上最大規模的國家遷移。知道他們要搬到哪裡去嗎？」

「我們得到的消息是，所有這些都將前往南極洲。他們擁有可容納數百人和大量貨物的巨大潛艇。他們正在那裡用奴隸建造大型地下城市。看起來整個德國納粹正要遷移去那裡。」

幾年後，「跳高行動」（Operation High Jump）開始了，由伯德（Byrd）將軍負責。他率領一支軍事特遣隊前往南極洲驅逐德國人，但那是另外一個故事了。

第④章

美國海軍太空站計畫——重新設計彈道飛彈防禦

4.1 參與耐克（Nike）——防空飛彈防禦系統計畫

在新墨西哥州的白沙試驗場，道格拉斯陸軍耐克式地對空飛彈（Nike Ajax）、防空防禦陣地和帶有674磅高爆彈頭的勝利女神地對空飛彈，向停在我們耐克宙斯發射架上空的幾個不明飛行物射擊攻擊。我在那裡重新設計和測試這些後，便擊落了幾個幽浮。後來，我們在白沙試驗場測試耐克宙斯時也擊落了一些幽浮。（我們發現在聖莫尼卡的道格拉斯六〇〇〇英尺長的跑道上空，有一艘幽浮在盤旋。）

一九七〇年代，冷戰時期時眾多星球大戰防禦系統，由已故總統羅納德雷根發起，後來TRW公司繼續研究。這是邪惡帝國可能對美國發動洲際導彈襲擊所做出的回應。到一九五〇年，這些系統已經在加州聖莫尼卡的道格拉斯導彈和航天部進行開發。該計劃最初始於一九四七年的外星軍事威脅，該武器系統被稱為道格拉斯DM-15，與陸軍的耐克宙斯反導彈攔截計劃簽訂了合約。多年來，道格拉斯設計、開發和安裝了這些陸軍耐克式地對空飛彈和耐克勝利女神防空飛彈，並將它們部署在美國和自由世界各地。

這些導彈在美國各地的城市進行製造、測試和部署。我用業餘時間設計改良了移動式勝利女神防空導彈地面支援檢查和發射設備（Ground Support Checkout and Launch Equipment），同時我也是秘密硬站點耐克宙斯反導彈系統（ABM）高級設計的首席概念設計師。這是一個地下砲台指揮控制中心，有一整條隧道通向地下導彈發射井。

耐克宙斯（道格拉斯 DM-15）武器系統包括地下發射井導彈發射器，和四方混凝土垂直導彈發射井，全都建在太平洋誇賈林島的地面上。

這是第一個星球大戰導彈系統。我們與麻州波士頓市外的所有地下發射設施簽訂了合約，專門負責設計、建造和測試完整的聚四氟乙烯（Teflon，台灣民間一般譯為鐵氟龍）鼻錐 DM-15 耐克宙斯導彈陣地。

我花了三個月的時間在先進設計中，創建了整個耐克宙斯地下陣地發射中心的佈局和具體設計，包括與地下隧道連接在一起的三十個矩形導彈發射井。

大多數人從未夢想過這個擁有三十英尺鋼筋混凝土牆的龐大星球大戰地下城的規模，被樹木覆蓋的導彈還有雷達追蹤系統大樓是該地區最引人注目的特徵。這是由一個巨大的金字塔形結構建造而成，包含四個固態相控陣列雷達天線。它是唯一突出於波士頓附近風景如畫的低矮山丘表面上的建築。當我說硬站點時，我指的是硬站點堅固不摧；DOD 規範要求該設施在受到十五兆噸氫彈的近乎直接命中後，依然需照樣能夠發射導彈。

後來，我又參與了發射控制陣地中心監視器的設計（導彈準備檢查和發射）。在這項工作中，我經常回到新墨西哥州的白沙，在那裡試射了我們的 DM-15 耐克宙斯測試導彈，並審查了我們的測試系統、檢驗和發射操作。在試射期導彈到達厚厚的大氣層中，以超音速飛行後，火箭發動機燒毀，部署降落傘進行軟著陸和回收。降落傘從導彈的中心展開，允許鼻錐以水平位置著陸，使其不因地面撞擊而受影響。令人驚訝的是，這些第一批塗有聚四氟乙烯的導彈鼻錐，像熱黃油一樣滲透到滿地都是。

（編註：巧合的是，編輯鮑勃伍德博士是工程師，他計算了導彈表面不同位置所需的聚四氟乙烯厚度，以保持內部鋁結構冷卻。比爾在這裡的訊息是錯誤的。聚四氟乙烯（特氟龍）燒蝕以後，從固體變成氣體。然而，如果比爾看到在白沙回收的導彈，他們會發現特氟龍在飛行後應該變得更薄。另一個巧合是，比爾和編輯鮑勃伍德出現在道格拉斯公司出版物 Airview News 的同一頁面上，這是在與比爾見面之前幾十年，在已經歸檔的檔案中找到的。）

十年來，我多次搭飛機往返於新墨西哥州南部圖拉羅薩盆地（羅斯威爾附近）的白沙試驗場，以測試、檢查和發射所有類型的導彈為主；在那裡，道格拉斯現場和導彈回收人員（現

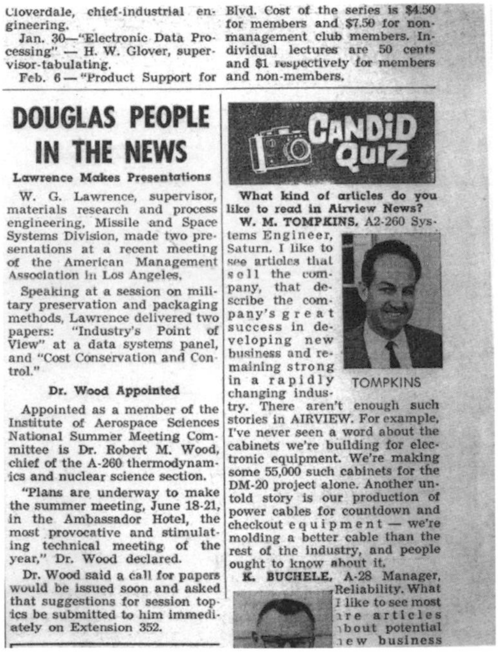
Cloverdale, chief-industrial engineering.

Jan. 30—"Electronic Data Processing" — H. W. Glover, supervisor-tabulating.

Feb. 6 — "Product Support for

Blvd. Cost of the series is $4.50 for members and $7.50 for non-management club members. Individual lectures are 50 cents and $1 respectively for members and non-members.

DOUGLAS PEOPLE IN THE NEWS

Lawrence Makes Presentations

W. G. Lawrence, supervisor, materials research and process engineering, Missile and Space Systems Division, made two presentations at a recent meeting of the American Management Association in Los Angeles.

Speaking at a session on military preservation and packaging methods, Lawrence delivered two papers: "Industry's Point of View" at a data systems panel, and "Cost Conservation and Control."

Dr. Wood Appointed

Appointed as a member of the Institute of Aerospace Sciences National Summer Meeting Committee is Dr. Robert M. Wood, chief of the A-260 thermodynamics and nuclear science section.

"Plans are underway to make the summer meeting, June 18-21, in the Ambassador Hotel, the most provocative and stimulating technical meeting of the year," Dr. Wood declared.

Dr. Wood said a call for papers would be issued soon and asked that suggestions for session topics be submitted to him immediately on Extension 352.

CANDID QUIZ

What kind of articles do you like to read in Airview News?

W. M. TOMPKINS, A2-260 Systems Engineer, Saturn. I like to see articles that sell the company, that describe the company's great success in developing new business and remaining strong in a rapidly changing industry. There aren't enough such stories in AIRVIEW. For example, I've never seen a word about the cabinets we're building for electronic equipment. We're making some 55,000 such cabinets for the DM-20 project alone. Another untold story is our production of power cables for countdown and checkout equipment — we're molding a better cable than the rest of the industry, and people ought to know about it.

TOMPKINS

K. BUCHELE, A-28 Manager, Reliability. What I like to see most are articles about potential new business

想像一下 60 年前伍德和湯普金斯巧合出現在道格拉斯公司的 Airview 新聞的同一頁面上！

場站）不斷討論各種不明飛行物的目擊事件。

我是工程中該議題的訊息傳遞者，對克倫佩勒博士和埃爾默惠頓負責，他們在道格拉斯飛機經營智庫。當我回到聖莫尼卡時，白沙人總是牢牢記著我。有幾次他們帶我到沙漠（包括東部和西部全區）尋找他們認為來歷不明，似乎是幽浮降落的地方。但我們什麼也沒找到，我們確實在測試導彈的飛行影片軌跡過程中，找到跟隨我們導彈的小圓盤實錄攝影。

那時，我們並不知道外星人正在阻止我們即將成功的導彈飛試。我們的導彈試驗計劃不斷被外星人阻撓，延宕了整個宙斯計劃的發展。後來我們（在一九五〇年代後期）了解到，在誇賈林島（太平洋）最後階段測試計劃的五十年中，我們的耐克宙斯反導彈受阻止不得以攔截從加利福尼亞范登堡空軍基地發射的空軍洲際彈道導彈。我們回顧在使用經緯儀跟蹤機拍攝的三十五毫米膠片中，顯示到有外太空的拋射物體彈入我們的軌跡，並將我們推離免受洲際彈道導彈的正面撞擊。自一九五五年以來，這種干擾一直斷斷續續地出現，有一些導彈在未離開發射架前就失靈。美國導彈防禦局表示，失靈的原因是誇賈林島試驗場的地面支持設備故障，而不是幽浮攔截導彈。

我們還在加州莫古角（point Mogu）的美國海軍太平洋導彈測試中心（聖莫尼卡以北約六十公里）和新墨西哥州白沙試驗場，試射了大部分耐克導彈。

耐克宙斯遠程測試計劃包括從加利福尼亞中部海岸的范登堡空軍導彈測試中心，向西至太平洋的誇賈林島發射空軍阿特拉斯洲際彈道導彈。誇賈林島上的耐克宙斯導彈跟蹤相控陣列雷達，感知到洲際彈道導彈並從四個矩形混凝土筒倉之一發射耐克宙斯導彈。這被編程為向東朝太平洋海岸的軌跡，以攔截洲際彈道導彈彈頭並將其摧毀。我們在地面上建造了發射筒倉，因為誇賈林島僅比海平面高五英尺，經過多年重新設計和測試，阿特拉斯導彈模擬的耐克宙斯攔截器彈頭，在被攔截的耐克宙斯導彈擊中前的最後幾秒鐘，仍然被不明飛行物偏移了原有的軌跡。范登堡的機密遠程空軍三十五毫米相機巧妙地記錄了這一幕。當時在任何公開的國防部發布中，都沒有提到幽浮的跡象。新聞媒體反而繼續報導道格拉斯導彈再次失敗的消息。一九五〇年代，我們在道格拉斯工程公司成功完成了這些測試（這比一九八〇年代羅納德雷根總統提出他的星球大戰導彈計劃的時間還要更早。）

在測試階段每週多次飛往這些測試地點對我來說一直是個挑戰。我們當時的合約不包括運輸，由於行駛時間太長，我們的汽車幾乎從未使用過，所以我們都是飛乘舊道格拉斯海軍 R5D-2（DC-3）往返。大多數導彈發射倒數計時時間都從早上八點開始（是的，是早上八點），我們經常在聖莫尼卡大霧中撞上道格拉斯跑道，幾乎看不到舊的 DC-3。起飛時並沒有那麼糟糕，但是要在莫古角（Oxnard）找到海軍跑道，或者要在沒有地面控制的范登堡空軍基地找到空軍跑道，都是很可怕的。真的很嚇人！我想我們早該從一些友好的外星人那得到一些幫助的。

在閱讀這回憶錄時，重要的是你要了解設計航天器、導彈的檢查和發射是極其複雜的。因此，當你在混凝土碉堡中按下舊紅色射擊按鈕時，就會發射測試導彈。（到目前為止，我已經推出了七個）。這需要大量理解過程會先出現什麼，然後再出現什麼，有時得通過數千個函數，一個接一個地依次進行——在每個函數之間需插入「假設」以解決預期的問題。

設計這麼多不同的導彈發射操作（發射和地面支持），使我也成為一名系統工程師。那時，道格拉斯並沒有很多這樣的東西，所以不需要一名系統工程師來設計 DC-3。這也需要全面了解，完成這些特定導彈系統需要完成的任務所必需的每一項功能。缺乏這種理解在很大程度上，會是造成早期軍事項目導彈試驗失敗的主要原因。

另一位工程師和我正在定義可能的耐克宙斯電池控制導彈檢查和發射功能，我們多年來一直在其他導彈計劃系統上使用這些功能。我們停下腳步後檢視發現，這不僅能對我們的耐克導彈進行全面的審視，而且也對整套武器系統進行了全面審視，從最初的威脅到任務的成功——即擊落來襲的洲際彈道導彈。我們都回到貝爾電話實驗室，他們是蓋茨陸軍將軍邀請設計導彈跟蹤相控陣雷達的承包商，我們非常了解他們出色的細節和雷達電子功能。但他們對任務和整體武器系統缺乏了解，對道格拉斯公司的導彈功能也缺乏了解。

我們著手製定了一個完整的反導彈武器系統開發計劃，將其分為多個部分，後來細分為概念階段、定義階段、習得階段和作戰操作階段。我們將這成功經驗應用於其他系統，對所有必要的功能進行由上而下的重新評估，這些功能不僅為我們的流程圖上，每個操作功能提供邏輯性任務，也提供為整體系統的可靠性所需的備份項目。

將數百個這樣的功能流程圖粘貼在一起，能提供我們一個尺寸達8½英寸×45英寸的系統框圖（紙捲），然後我們再將其與貝爾實驗室的系統需求圖表進行比對。這將比對出貝爾系統中的數百個錯誤。之後，這能為陸軍的耐克宙斯反導彈系統，開發計劃建立一個新的道格拉斯概念。

在我們的系統概念獲得完善之後，我們準備使用新的系統框圖（作為主要文件）與陸軍重擬定我們的合約，並提議我們擔任整個武器系統的主要系統承包商。與此同時，國會也正在考慮大量削減用於擴展導彈和設施部署計劃的預算，該計劃將在這個國家每個主要城市進行。我三年前設計的波士頓地下發射場，就在快完工時停了下來。

4.2 TRW 和彈道導彈防禦

非常有趣的是，多年後在 TRW，我使用相同的概念成功拿到羅納德雷根總統的星球大戰反導彈耐克 X 計劃的主要系統工程合約。

TRW 的安全總監（前中央情報局人員）被告知，應該要研究羅納德雷根總統的絕密星球大戰計劃，同時所有陸軍導彈計劃的總司令蓋茨將軍正在秘密計劃開發和部署一種新的反導彈系統，後來被命名為「哨兵系統」。安全總監（後來成為我的好朋友）將此訊息提供給 TRW 高級軍事概念小組，這是我之後獲准加入並成為成員的。

由於我多年來在道格拉斯利用來自 NORAD 空軍導彈預警系統的最新數據，對耐克宙斯反導彈系統也進行了廣泛的系統工程規劃，這些數據也是我在道格拉斯設計的。數據將傳輸到位於奧馬哈的空軍 SAC 指揮所，該指揮所也是我在道格拉斯設計的。我們計劃在 TRW 將我的新星球大戰提案提交給蓋茨將軍。

北美防空司令部「定義和追蹤我們星球軌道上和進入軌道的所有物體，所有已識別的飛行物體（IFO）和未識別的飛行物體（UFO）。」我為中西部的空軍地下基地構思並設計「星球大戰」導彈基地計劃地下指揮控制中心。

這是一個系統開發計劃，基於 DAC 的先進概念定義記錄了一個全新的系統，當國會取消舊耐克宙斯計劃的 DAC 合約時，我參與了該計劃。接著我將此提交給 TRW 最高管理層並獲得批准「主動投標」計劃向美國陸軍提交我的系統之後，TRW安全總監居中牽線，讓我和我的副總裁到華盛頓特區五角大廈與蓋茨將軍會面。我向將軍和他的工作團隊介紹了該計劃，結果陸軍與TRW簽訂了八千萬美元的系統工程合約。這個系統結合幾個更強大的雷射計劃繼續發展。該系統的測試是從太平洋誇賈林島的混凝土垂直發射井發射導彈來完成的。當我們的耐克宙斯接收天線記錄到，從加利福尼亞范登堡空軍基地發射的洲際彈道導彈時，該系統會自動記錄事件，確定洲際彈道導彈是敵方的並發射我們的導彈。有趣的是，在幾乎所有的軍事簡報中，儘管大家介紹我為高級概念計畫主席威廉湯普金斯，但我卻一直被稱為是湯普金斯博士。

在雷根總統說服俄羅斯總統戈爾巴喬夫時，他向戈爾巴喬夫說：美國的星球大戰導彈系統不是針對他們的，而是因為確實存在「一些重大威脅的外星人」，同時「我們都必須意識到不明飛行物的到來」，希望之後不要將這些誤認為是洲際彈道導彈。一九七一年九月，美國和蘇聯簽定了《核協議》第六條「注意幽浮的到來」，二十年後分隔東德和西德的冷戰柏林牆倒塌。

TRW還與NASA簽訂了阿波羅系統和航天飛機設計的合約。美國的所有政府航天器都是根據軍事機密合約（機密及以上等級）設計的；NASA的任務是將航天飛機用作卡車，將航天設備運送到地球軌道上，而海軍的任務是使用改裝的航天飛機作為攻擊航天器。作為一名飛行員和系統工程師，我用了MMI概念（人、機器、界面）協助設計飛行控制中心（飛行員），需要與未來用於海軍任務的改裝航天飛機對接。航天飛機由多台計算機自動控制，95%的任務驅使我們開發數千種通信功能的三十多種配置，這些配置未來將面臨令人難以置信的變化，這無疑是未來海軍航天器和任務所必需的。在早期的一項設計被批准用於第一架美國航天飛機以支持空間站之前，就已有五十七種主要的空間研究配置。美國花了十二年研製航天飛機後，卡特總統將所有草圖和規格都交給了俄羅斯，因此有數十萬份軍事文件需要解密。俄羅斯根據我們的文檔建造了它們的航天飛機並在一年內飛行。

據我所知，在 TRW 不同實驗室正在研究的大約五十種「真正的」武器系統中，幾乎所有武器系統都包括非常有效的粒子束高能雷射攻擊系統。將這些雷射器安裝在戰鬥機衛星上以對抗我們衛星上來襲的轉向架（外星車輛），將提供非常有效的防禦盾牌。我們開始生產這些衛星並將它們發射到外軌道。

二〇〇七年二月七日，美國 NASA 報告說，一顆足球場大小的岩石小行星將在二〇三六年撞擊地球。這將可能會被反導彈火箭驅離其軌道，從而錯過我們的星球，但計劃必須現在開始。

誠實約翰是海軍的大型戰鬥機攻擊導彈，而我們是最先進的海軍武器系統的顧問。三十英尺高的誠實約翰固態火箭是傳統的短程飛機運載系統之一，它使用海軍航母最好的 F-4U 戰鬥機作為發射平台。我們使用位於美國陸軍 Muroc 飛機試驗基地（後來的愛德華茲空軍基地）以北的加州中國湖海軍航空武器站（NAWS）的試驗設施進行試驗。在飛行測試期間，我每週都飛海軍上將的飛機到那裡。對於改裝過的 F-4U-1 戰鬥機來說，這是一項非常艱鉅的任務，它有一個倒置的鷗翼，為安裝火箭留下了空間。此外，安裝在單引擎飛機上這種大型導彈也存在許多飛行問題，它的設計使短程火箭將通過兩個改進的炸彈扣環連接到 F-4U 戰鬥機的機身：一個在機身發動機框架防火牆上，另一個安裝在第二十八號機框尾巴飛行員的腳前面。在吊掛測試中，於兩個扣環釋放後數秒內火箭發射。使用假火箭進行飛行測試時，它能正確釋放，但在第一枚裝有固體燃料的實彈火箭上，前部炸彈釋放扣環按設計釋放，但由於風振動，後部扣環沒有釋放。這導致火箭機頭下降四十五度，將火箭掛在後炸彈扣環上。然後以最大推力點火發射，將四十英尺高的火焰射入飛行員的艙室。我們多次查看了安裝在測試追逐飛機上的相機所拍攝的三十五毫米膠片，影片記錄了測試飛機被毀的結果，將 F-4U 戰鬥機燒成兩半，試飛員因而身亡。我在道格拉斯工作的十三年期間，最後一次試飛失敗，因而取消了正在開發的三百多套武器系統中的其中一套。

我從電子戰系統小組實驗室、太空戰、Dan Mc Guide、專案經理和系統工程整合所、以及接下來的義勇兵飛彈收集了一些資料。

我在道格拉斯和北美航空公司擁有豐富彈道導彈計畫的背景。TRW 認為我是專家，義勇兵洲際彈道導彈計畫辦公室不斷向我的辦公室尋求支援。一天早上，我一進辦公室，蒂芙尼眼裡閃著火光，一把抓住了我。

「天啊，比爾。那個過時導彈計劃辦公室裡的吉塞拉．弗萊明（Gisela Fleming）是不會放過你的。」

「她又打來了？」

「沒錯，又打電話了。上週，你在海軍航空發展中心（NADC）時，她幾乎整個禮拜都要在我們辦公室外面紮營了。我很慶幸我們有分開的入口進出，可以將她這樣的人擋在外面。」

「你可以報警，把她扔進垃圾桶。」

「別鬧了；我們這個智庫沒有警察局，你知道的，比爾寶貝。」

「好的，蒂芙，義勇兵怎麼了？」

「看來義勇兵肯定花了太多時間在應付那位空軍將軍，回答那些關於環城公路內的問題。扎拉吧，忘了他叫什麼名字。我們派對上的男孩邁克爾．科斯特洛（Michael Costello）找不到五角大廈的總部，更不用說扎拉的辦公室了。還有比爾，還記得五個星期前他在范登堡找不到導彈測試中心嗎？這實在是荒謬。」

「好吧，小姑娘，你有點反應過大了，別讓你身上的可愛氣質消失殆盡。你今天早上看起來真的很可愛。」

「謝謝你的美意，長官。我特意繞過吉塞拉，已經安排好你明天早上與科斯特洛一起飛往華盛頓的航班：早上七點聯航。」

「謝謝你，蒂芙尼，你……」她處理完我的問題後，仍然穿著銀藍色的迷你裙站在那裡，並故意拉起迷你裙的下擺，露著美腿，屈膝行禮，完全露出細小的銀線。

試想想：「我不敢相信蒂芙尼在道格拉斯的作風有多像傑西卡。在執行外星人計劃的方式上，他們就像雙胞胎一樣。」

「我聽到了。你膽敢拿我和你前女友相提並論。我比她聰明好幾倍，你別忘了。」（我又忘了，蒂芙尼能讀我的心）。

蒂芙尼繼續說：「但確實，比爾，你我如往常一樣在四季酒店已訂房，你跟我的臥室相鄰。」

「等等！我知道你在想什麼，那很有趣，但你必須留在這裡，以防讓對方得逞。」

「解決了這個問題後；凱麗（Kelli）將填補這整個月的空缺。」

「整個月？我不知道科斯特洛的問題是什麼，但我會在三天之內解決問題。」

4.3 美國海軍太空戰計劃

一公里和兩公里航母的設計理念，與一九五〇年代中途島號等常規遠洋航母的任務相似，即保持對銀河系東南臂星團四四九三七的控制，為了完成「太空中途」的任務，我們的設計需要發射和回收各種類似航天器的戰鬥機、攻擊機、遠程偵察機、人員和建築飛船；該航天器需要使用全電子發射／回收系統。它使用了磁推力裝置操作，以進行起飛和回收。起飛時，攻擊航天器通過在所有十二個大型機庫甲板上都有的透明氣閘端口快速發射。自動發射系統繼續運行，直到全部發射完成，系統就自動停止。因此，當一個戰鬥機中隊從任務中返回時，區域控制塔收到返回中隊的通知，就會啟動進入模式。這種控制同時取消飛行員控制，並啟動單戰鬥機自動吸入模式，一次五十架，將它們從入口拉入，然後再將每架飛機輕輕地放在預定停機位上。（下面顯示的第一張圖是比爾基於他早先在道格拉斯智庫的想法，為TRW繪製的草擬圖。下一張是更多航天器描述的詳細計劃。——編者）。

此外，在比爾原本所保存後來捐贈給編輯伍德的二十二箱資料中發現，有一表格列出了據稱用於與外來物種交流的各種交通工具的秘密部署時間表。（譯註：這是一個美國的

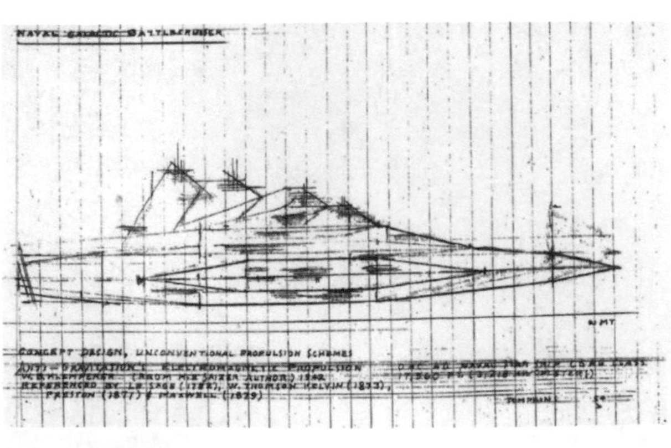

這是比爾・湯普金（Bill Tompkin）於 1954 年在道格拉斯智庫（Douglas Think Tank）根據與海軍簽訂的合約繪製的一艘海軍銀河戰巡洋艦。

祕密計畫，說明美國曾經送了一組人到澤塔星球上生活）（這張表格找到時就是列印好的，不像本書所有的文字，都是由比爾從電腦上打字而來，再進行文稿的校對。因此，此表不確定是由比爾打出來的還是他直接從網路下載使用的。——編者）

這些圖像被認為是 Bill Tompkins 大約在 1969 年在 TRW 時繪製的。

Sub Section 9.: U.S. Secret Plans For Space Exploration

The NSA / NASA both teamed up to develop new technologies to explore the universe. The NSA / NASA have deployed the following deep space probes.

A. 1965 – First Deep space probe, Code name – "PATTY"
B. 1967 – Second deep space probe, Code name – "SWEEN"
C. 1972 – Third deep space probe, Code name – "DAKOTA"
D. 1978 – Fourth deep space probe, Code name is UNknown
E. 1982 – Fifth deep space probe, Code name is UNknown
F. 1983 – Sixth deep space probe, Code name is UNknown
G. 1983 – Seventh deep space probe, Code name is UNknown
H. 1983 – Eighth deep space probe, Code name – "MOE"
I. 1985 – Space probe launched on SS Mission 51-J, code name "STING-RAY," but not sure if this was an actual communication probe or some other type of probe
J. 1988 – Ninth deep space probe, Code Name – "AMBER LIGHT"
K. 1988 – Tenth deep space probe, Code Name – "SANDAL SLIPPER"
L. 1989 – Eleventh deep space probe, Code Name – "COCKER PEAK"
M. 1992 – Twelfth deep space probe, Code Name – "TWINKLE EYES"
N. 1997 – Thirteenth deep space probe, Code Name – "KITE TANGLE"

NOTE: These probes were used to establish communication links with the ALIENS. They formed and established a type of repeater system for their communications; not much else is known.

此列表來自 The Bill Tompkins 文件中的副本。 其真實性未知，可能與 Project Serpo 材料有關。

第⑤章

所知甚少的月球──有「人」已經住在上面

回到一九五〇年，對我們來說登月的想法是多麼複雜而且難以理解的任務。人類歷史上在這塊藍色的小大理石上，第一次實現了最大的夢想──意即離開地球前往星空。我們非常榮幸能夠生活在這段時期，因為能見證所有事情的發生。阿波羅登月只是道格拉斯智庫為海軍計劃、深空探索星際任務的基礎。

5.1 我的疑問、推測和想法

那麼我們是如何完成登月？如何設計阿波羅飛行器和發射中心，以及如何設計美國各地數千個航空航天設施中、所有的設備等等？這並不是由 NASA 所構思的，而是由位於加州聖莫尼卡的老道格拉斯導彈和空間系統部門在 NASA 成立四年前而構思的。這是由智庫中的高級設計分析師所完成的，他們不僅僅只做他們需要完成的任務，而且也將要登月、及至太陽系其他行星以及前往離我們最近的十二個行星的任務中，所需的每一步都具體視覺化。

我是其中一位概念性思想家。身為工程科長，我設計了數十項任務和宇宙飛船，用於我們最近的、恆星周圍軌道上的行星進行探索性操作。我設計了大型 NOVA 卡車和赤道發射設施，以及月球上多個兩千人軍事基地和火星上六百人的海軍基地。我也為阿波羅土星五號 SIV-B 級設計了校驗和發射測試系統。此外，我對位於佛羅里達州卡納維拉爾角的整個發射控制中心的主要設施，幾乎整個重新進行完整的設計。這包括以前所未有的規模、完成任務所需的功能，以及任務功能流程圖。我整理好我所做的工作，並將這些資料文件化，製作了草圖，再向員工解說，他們是整個月球計劃中最能幹的設計師。結果令人震驚！我把這些草圖展示給美國 NASA 阿波羅的主管，他們因而徹底改變了他們原先有缺陷的開發方法，而讓我們成功地完成了六次登月任務。

想像一處技術設施，裡面有一棟五層樓的大樓，裝滿了六英尺高的電子運行電腦、電源、（沒有老式真空管）和接線板的機櫃，靠著這些龐大的設備幾乎很難完成當今手機所能迎刃而解的任務。今天大多數的人都沒有接觸過我們設計、建造和使用的這種巨大尺寸的電腦，為了就是要讓四級、三六五英尺的阿波羅土星五號飛行器通過測試並發射到月球。

一九六一年，約翰肯尼迪總統獲准我們飛離地球。我說，「獲准」，是誰准許的？誰讓甘尼迪有這種登月的瘋狂想法？當然，不是國會——畢竟他們只會把大桶大桶的計畫，用大把的鈔票回饋家鄉。為什麼蘇聯將軍和海軍上將會放棄他們所有的新把戲後而半途而廢，最後選擇荒謬的月球任務？有人准許甘尼迪這麼做，這是人類歷史上有史以來曾嘗試過最複雜的技術任務。月球競賽開始了。

那麼為什麼 NASA 會在一九五八年創建？對外而言，它的創建是為了提供一個非軍事政府機構，來組織和建造前往月球的火箭飛船。哦，的確，邪惡帝國仍然試圖搶先到達那裡，但我們美國是把它作為一個和平的探索冒險。嗯……這也不全然是事實。

早在一九五二年，道格拉斯智庫發表了一些令人難以置信的太空研究，指出不僅美國政府高層意識到外星人參與地球人類事務，就連舊蘇聯也意識到了這一點。在可能尋求外星人「幫助」下，蘇聯人一心想要先登上月球，在那裡建立導彈基地來控制整個地球。哦，的確，那也是希特勒計劃的復刻本。

一九六七年，美國憑藉阿波羅航天器贏得了登月太空競賽。據說我們的宇航員拍下了隕石坑的照片，撿了一些岩石回家，就是這樣。但是有比整個美國政府更大的力量，阻止了我們的宏偉計劃。四十五年後，喬治布希總統發布了另一個名為「發現新精神」的大膽願景，呼籲我們在二〇一五年之前重返月球。這還包括在二〇二〇年之前，前往我們太陽系中的其他行星和在那之後到離我們最近的行星。那麼為什麼我們為另一個計劃等待了四十五年呢？是誰促使布希總統起飛進入太空並前往「過去沒有人去過的地方？」

我們所知道的與我們尚未學習的一切相差甚遠。在這個星球上的人類歷史，從未有過像美國阿波羅登月、行星和恆星計劃那樣構思、設計、建造和完成的大規模「旅行」。這是迄今為止人類嘗試過技術上最複雜的努力，也是我們對宇宙的第一次重大突破。人類在探索我們就近宇宙的空間進展甚微。畢竟在我們自己的銀河系、附近的仙女座星系和廣闊的宇宙中，仍有無數的世界。我們的挑戰是將我們的存在擴展到廣闊的深空，從其他太陽系上其他行星上的智能生命尋找答案，並與它們建立貿易關係。

那麼為什麼，在銀河系時間的一微秒內，我們就突然離開了這個星球？是誰要我們離開？

一九五四年，在我們研究新星（NOVA）和阿波羅／土星深空星際飛船之前的期間，先進設計的智囊團共同為我們所有的海軍飛船研究奠定了先決條件。三百年的海軍經驗和海上作戰任務（通常沒有補給），成為所有軍事星際任務的重要基礎。海軍有時會在海上待一年多，這為他們提供了執行長期任務的專業知識。空軍轟炸機機組人員早上與家人共進早餐後，便起飛執行任務，環遊半個地球，放了炸彈，及時轉身飛回家，睡前再與妻子喝杯酒。他們完全沒有能力了解在敵對太空環境完全孤立無援中運作一年或更長時間所需的複雜後勤支援。這就是為什麼我們的海軍被選中與我們宇宙附近的外星人作戰，以及為什麼他們現在是我們的太空戰士。還記得星際戰爭（Solar Warden）秘密太空部隊的太空戰爭故事嗎？

當認真看待時，二〇一二年我在寫這本書時，我們必須再次重新思考，回到一九六一的年代，甘迺迪總統為什麼決定登月？當我們到達那裡時，外星人把我們趕出來嗎？為什麼在二〇〇五年，布什總統要把我們再丟回月球、去火星和執行深空任務？一九六〇年，當月球的外星人要我們在月球上建立海軍基地，而其他外星人卻豎起了「禁止侵入」的標誌，那我們現在還要再回去嗎？

如果當地的外星人不允許我們在一九六九年登上月球，現在又是誰允許布什離開地球？又為什麼要如此做？

為什麼這麼多年，我們從來沒有回到月球？嗯，這不完全是事實。但再一次，在TRW，暗地奇怪的事情從一大堆秘密中浮出水面，使我們能夠修改在舊道格拉斯智庫中開發的海軍登月任務和設施。這是一項簡單的任務，因為道格拉斯早先已經完成了每一步。現在只需更新所有系統和硬體，你瞧，又回到月球上了。

還記得所有那些計劃前往火星和其他太陽系行星及其衛星的任務嗎？嗯，是的，我們也去過那裡。我們在那裡建立了廣泛的海軍通信站。我們甚至完成了對其他幾個行星及其衛星的許多飛越和漫遊任務。就在我說話的同時，他們仍正繼續在執行任務中。

為了正視這件事，我們必須考慮甘迺迪總統在一九六一年決定登月的後果？為什麼當我們到達那裡時，外星人把我們趕出來？這是什麼意思？

時間回到一九六九年，「我們」剛剛在三百五十英尺長的阿波羅車輛的指揮艙（CM）內，進行了一次令人痛心的猛烈射擊發射後的最後四天。我們是在佛羅里達州一個悠閒炎熱、陽光明媚的日子，從 NASA 39 號綜合大樓發射升空的。那天早上，一些休假的海軍太空人正在衝浪。而現在，在這個小星球上人類三萬年的歷史中，我們第一次緩慢地飛越外面冰冷的月球表面。這裡的天空是漆黑的，但太陽（我們的星星）非常明亮。想想我們剛剛經歷過的一切……

無法否認的是：一些來自我們銀河系另一端的分支或可能來自銀河系中心的外星文明已經在月球上了。天哪！它們甚至可能來自數千光年遠的地外，也可能甚至來自另一個銀河系。

5.2 我的證詞：我聽到或看到的第一手報導

正如你們學者已經知道的那樣，早在一九六九年，太空人

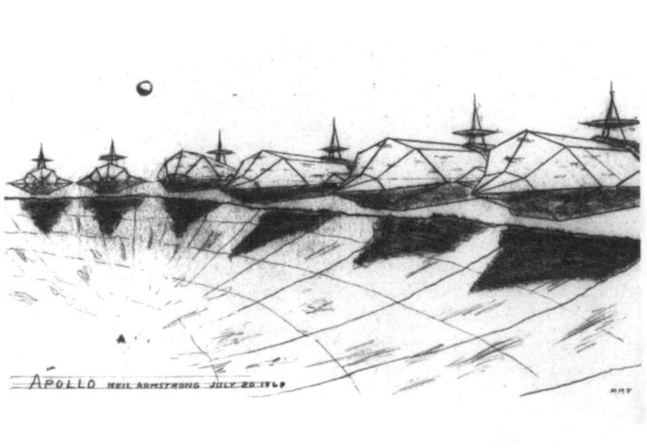

這是比爾・湯普金斯（Bill Tompkins） 在第一次登月期間實時觀看的電視屏幕上繪製的圖畫。

和任務控制中心之間的任何對話中都沒有聽到這些內容，因為中央情報局審查了所有內容，並將其歸類為「最高機密」。我在洛杉磯的一個私人工作室，觀看了未經審查的電視紀錄和來自登月的錄音。我看到的是，在著陸時，宇航員首先穿上共濟會圍裙，從登月小艇（LEM）下降並放置一塊共濟會匾牌，並在月球表面插上共濟會旗幟，基本上是向共濟會致敬。然後他們將這些物品放回到小艇車上並取下圍裙。接著，隨著公共電視報導的恢復，他們從登月小艇下來，繼續在月球表面插上美國國旗，上面寫著令人難忘的標語：「我的一小步，是人類的一大步。」之前，他們還觀察到六輛大型幽浮停在火山口邊緣，監視著他們。

阿姆斯特朗喊道：「它們很高大，長官！」這段對話也被公共廣播給掩蓋了。你可能還記得，由於「技術上有困難」，有兩分鐘的電視傳輸是沉默的。外星人告訴他們，人類在月球上是不受歡迎的，但他們可以繼續計劃未來的著陸，然後，請人類就不要再回來了。這就是我們沒有再返回月球的原因。

幾千年來，人們都知道月球並不是行星的月球。它是一個空心的月球「站」，由一個聯邦在銀河系中所建造，拖入地球軌道並以一側面向地球停放。（編註：以彼此的相對大小來看，月球與地球的潮汐鎖定是非常不尋常的）。這只是一個太陽系指揮中心，處理我們銀河系這一部分的戰情中心。首先，這不是我們的月亮，地球不是我們的星球。我們只是被允許在略高於奴隸等級的位階為他們工作時使用著。月球和地球都屬於它們的幾個實體。

外星人已經在月球建造了數百個結構體，大多數在背面，因此生活在行星地球上的古代人，一直無法看到這些結構。當然，外星人建造了大量的設施，不僅建在像覆蓋整個地球內部的洞穴中，許多城市也建造在月球空心結構的背面。

5.3 關於月球結構的證詞

我們都到三一二二，一個正在開會的小型機密會議室赴會。威爾遜博士正在觀看月球背面的阿波羅電影，這是在光線不足下的一則飛越報導。當威爾遜把雷射筆遞給我時，蒂芙尼鎖上了門說：「很高興你能在這麼短的時間內完成，注意，比爾。戴維斯剛好在製作你要求的其他影片。」

我強調，「那段落不清楚，把它上移大約三十片能看到好東西。在這裡，看到他們的基地了嗎？表面上看起來很大，表面下可能就更大了。我把它拉回來停格。看到上片一側的採礦作業了嗎？那個操作的設備非常大。那些雪茄可能是為了將開採的材料運回他們的母星上，也或者可能是他們正在開發的另一顆恆星的行星。」

我繼續並稍微移動了百分之三十……「好吧，在這個大基地附近，右舷下部框架中可以看到它們。看看這兩艘雪茄船與基地建築的大小相比，基地建築肯定有幾公里寬。」

「哇！比爾，那些車可能有一公里長，」杰弗里斯博士補充道。「外星海軍母艦就在我們的月球上。」

戴夫打斷話：「這不是我們的月球，卡爾。」

卡爾森海軍上將說：「比爾，那些巨大的船隻會是人力運輸車嗎？他們就像停靠在基地一樣，被拴在邊上？」

「這還是老問題，先生。但更有可能是航天母艦。」

「我們必須找到其中一位海軍上將詢問一下，」康威海軍上將的助手說道。他是一名全職的指揮官，現在是外星人的專家，他仍然是個孩子，他補充說，「辛迪是電影明星，你當然可以挑選她們，但湯普金斯先生，你的女朋友傑西卡在道格拉斯發生了什麼事？」

我還沒來得及回答，辛迪就插話了，「他因為拒絕服從上級的命令，比爾將她送回新星系統（NOVA Star），她的出生地，我接替了比爾的秘書職位。」

康威海軍上將竊笑補充道，「比爾，我得向你在銀河系中，能吸引最有魅力的女孩這種天賦表示敬意。」

「哇！海軍上將，這是你對我最好的讚美，」我補充道。

「嗯，比爾，你用來吸引他們的管理方法最好也可以電子化。」

「好吧！你們這些海軍人員，讓我們把影片關掉」杰弗里斯博士說。「有沒有可能這些外星人正在利用我們作為他們的工人，而我們不知何故也變得聰明，我們正在挑戰他們對我們的控制？」

「哦，天哪，」蒂芙尼扭動著她的小鼻子，低聲補充道，「『杰』博士要上船了？」

我打斷了他們所有人說：「雪茄……似乎有好幾種雪茄船，就像去年在愛德華茲把艾森豪威爾釘在牆上的那艘雪茄船隻，大約有四百英尺。我想知道誰擁有這些船的專利。」

「是的，比爾，這和那個在西伯利亞自爆，而失去大部分核心的似乎是同一等級和大小。」克里斯說。

「此外，海軍 F-6-F 用他的槍式相機所拍攝到的五四年華盛頓上空的那架飛機，對他來說很大，但可能是同等級的飛機之一。」

「是的；我在這兩文件上都有看到尺寸，另外還有五個大小相似的，」辛迪說。

瑪吉又把三個文件放回地板上補充說：「我們發現了十五處裝有雪茄的目擊現場；你為什麼稱它們叫做雪茄之類的臭東西？我們實驗室的大腦鮑比李（Bobby Lee）已經建立了至少九種不同的尺寸—甚至有些側面帶有衣索比亞的象形文字，打開窗戶，有人對著我們的相機揮手致意。」

「等一下，瑪吉，你有點不對勁，」斯蒂夫林博士打斷道，「但是，的確，一些目擊文件記錄了這些幽浮的側面，尤其是在雪茄的尾部有非常奇怪的文字。」

在接下來的三個月裡，我們在 TRW 園區裡的每個機秘中心搜索著……如往常一樣，每個中心經理都說，「你不能到那裡。」但是史蒂夫索爾森，我在四四三九的另一個夥伴，曾經是一個多才的小偷兒，在 TRW 的園區裡隱藏著他的才能（開玩笑）。然而，辛迪、史蒂夫和我出人意料地成功獲得了一些真正誘人的月球歷史，和當前令人興奮的高機密訊息，其中一些機密的等級甚至更高。這些文件中有很大一部分是在沒有良好參考訊息的情況下，被多次發現。然而，事實證明，使用幾種不同的系統工程滲透方法來解決可能發生的事件，為之前沒有成功的調查和途徑開闢了道路，這些情況在我們所謂的月球上已經累積了數千年。

到達月球的美國 NASA 阿波羅登陸前，所執行的偵察任務只是繞著它轉。這些圍繞月球的軌道任務使太空人能夠很好地觀察月球背面。這組指揮艙為我們的太空人提供了有關太陽系中，我們最近鄰居其正面和背面的驚人線索。他們驚訝地看到，很明顯的古代建築物在月球的正反兩面多次出現。現在，正如學者已經知道的那樣，太空人和任務控制中心之間的任何對話都沒有談到這些，因為中央情報局隱瞞了所有的機密資料，甚至隱瞞更高機密的訊息。他們還看到當時正開始建造的新大型建築物。當他們在我們的第一次軌道飛行任務中環繞月球時，他們已經意識到巨大的建築物在短短幾天內就已經建構成。阿姆斯壯說：「這就像在電視上看快轉電影一樣，」僅僅繞三個軌道之後，就完成了整座大型建築群。在每繞月球一圈時，他們實際上可以看到並用機載電影攝影機拍攝所增加的更多樓層。這太不可思議了。

不可否認的是，有些來自我們銀河系另一端的分支，或者銀河系中心部位的外星文明就在這裡。天哪！它們甚至可能來自另一個數百萬光年時間的跨度星系。

仔細觀察，我們的太空人向任務控制中心傳達了訊息，「我們漂浮在離月球表面半英里處，一座兩百層樓的半透明矩形建築旁邊。」

「看十點鐘方向，在我們上面一點。港口一側有幾英里高的塔樓。」

「現在從地平線上升起是一座五英里高的塔。在兩點鐘方向，右舷船頭。」

「那個綜合體看起來像一個軍事基地；這些建築物的屋頂上有圓形旋轉天線。而且，嘿，你看看！外星人有幾排大碟形天線，就像我們在拉斯維加斯米高梅賭場以北的三九五號高速公路上看到的一樣。」

我們推測月球可能像其他大型行星太空飛行器一樣，在宇宙中我們這個星系和其他星系巡航著。所以，讓我們再看看我們的情況……的確，我們學著緩慢，但我們正在變得更好；我們現在可以更了解我們目前的情況。首先，我們必須承認，我們生活的星球只是一個巨大的實驗室，可能已經被一百個不同的外星實體使用著，有數百個議程。其中沒有一個實體會幫助我們或和我們交談。天啊！我們剛剛說什麼？這不是我們願意接受的。但讓我們面對現實吧！我們真的只是一個執行他們外星人計劃的大實驗室。順帶一提，與他們三百到三千年的壽命相比，它們在生物學上控制著我們短得可笑的七十五年壽命，實在是荒謬至極。有些昆蟲外星人根本不會死。

第⑥章 TRW——既期待又怕受傷害的神祕智庫團

什麼是TRW？它不僅僅只是一個智庫，它是所有智庫中的智庫。TRW太空園區位於一個非常大的園區內、占地長寬各為半英里長，面積也就是四分之一平方英里。它的西邊為北航空大道（North Aviation Boulevard）、東邊為韋爾街（Vail Avenue）、北邊為海洋街（Marine Avenue）、南邊是曼哈頓海灘大道（Manhattan Beach Boulevard）。此外，在埃爾塞貢多（El Segundo）、雷東多海灘（Redondo Beach）和托蘭斯（Torrance）的周邊社區中，座落著許多附屬建築物。

「航空大道」之所以得名，是因為它與洛杉磯南部、南灣社區內航空發展的歷史有關。但由於它在美國太空計劃發展中有核心作用，因而將其重新命名為「太空大道」。

在埃爾塞貢多大道南側，航空大道向北一英里半的十字路口東南角，是洛杉磯空軍基地。大多數人從未聽過洛杉磯空軍基地，可能是因為這裡沒有飛機、沒有機場、看起來就像一棟棟的商業辦公大樓，入口處也只有一個孤零零的標誌將其標示為洛杉磯空軍基地。那麼，這基地在那裡做什麼呢？該基地是美國空軍太空司令部的一部分，而司令部負責執行空軍太空計劃，基地是空軍研製和採購航天和導彈系統的採購中心，附近恰好有多數的美國大型航太承包商。（見 http://www.losangeles.af.mil）

這是我一九六七年至一九七一年在 TRW 工作時，洛杉磯空軍基地的所在地。之後就在幾年前，洛杉磯空軍基地搬到了新的位置，位於埃爾塞貢多大道和北道格拉斯街以西的一個街區。

在這個十字路口的北邊是另一個非常重要的公司——航太公司（Aerospace Corporation）。航太公司擁有許多博士學位的科學家，為空軍提供高水準的技術諮詢專業知識，幫助其管理航太承包商。例如，如果空軍想要一個具有一組特定功能的新武器系統，就像發射一顆到太空、用以接近太空船（可能是外星人）的衛星，空軍會要求航太公司編寫這顆衛星的徵求建議書（RFP）。空軍隨後會發布這些徵求建議書，供航太承包商審閱和研究，並決定是否投標該項目。接著，當航太承包商的提案提交回空軍時，航太公司會對空軍的提案進行評估。航太公司（太空政策和戰略中心）也為國家偵察辦公室（NRO）服務。（見網址，www.aerospace.org）

從航太公司的角度來看，它是為美國政府組織提供頂級機密諮詢的三大承包公司之一。另外兩個是位於聖莫尼卡的蘭德公司（RAND Corporation）和米特爾公司（Mitre Corporation），主要辦事處位於弗吉尼亞州（Virginia）的麥克萊恩（McLean）和馬薩諸塞州（Massachusetts）的貝德福德（Bedford）。這兩間公司在二十五個州都設有分公司，地點包括加州和至少五個海外國家。

位於聖莫尼卡的蘭德公司專門從事外交政策研究。由官方的角度來看，是研究關於各國政府的外交政策；但從非官方的角度來看，這些外交政策也涉及我們與外星人的關係。畢竟，正如我在第一本《外星人選中的科學家》中討論的那樣，這就是蘭德公司作為道格拉斯智庫（Douglas Think

Tank）、衍生而創建的最初目的。隨著秘密太空計劃的發展，我們可以合理地假設外星外交政策研究也在蘭德公司發展。（見 www.rand.org）。

而米特爾公司則專門從事間諜相關的事務。有趣的是，它的位置與十字路口東北角的洛杉磯空軍基地剛好隔街相望。（見網址 www.mitre.org）。

TRW 太空園區園的外觀掩蓋了其重要性和保密度。這裡周圍沒有牆壁或柵欄，看起來更像是加州大學的洛杉磯分校，而不是國防承包商的機構。你大可直接駛進園區將車停在停車場內，直到保全過來調查之前都不會有事。入口的車道上也沒有大門，不會有門口警衛來回答你的問題。那裡的每個人似乎都知道他們要去哪裡，不需要詢問誰誰誰。騎自行車和滑滑板的孩子們經常穿越園區，這裡不論是看起來、還是感覺起來都不像國防承包商的站點，更不用說是一個工作內容遠高於最高機密的地方了。每月 TRW 也會舉辦「換肉」（Swap Meet）的活動，有數百名消費者會在那個週末在停車場閒逛。這個秘密的智囊團就隱藏在這個顯眼的地方。

這裡大多數建築物看起來不像加州大學洛杉磯分校、或南加州大學的窗戶型建築，而是比較類似於好市多（Costco）或沃爾瑪（Walmart）等等的商業購物中心。通常來說，它們是磚牆或灰泥建築。一樓沒有窗戶，或者是有窗戶、但總是緊閉。建築只有一個入口，是玻璃窗型的雙扇門。所有其他的門都是堅固的防火門。你可以透過前門的玻璃門觀看，但只會看到一名保全坐在入口小門廳處的辦公桌前，準備辨認著訪客身份、詢問對方拜訪目的、協助簽到、檢查駕照等等。如果你真的要洽公，保全會允許你打電話、等內部的人來接你、陪你一起進去。建築物外的一切都是完全低調的。但當你走進去，你會發現裡面完完全全就像商務大樓一樣。

園區西南角的一小部分曾經是雷東多海灘公立高中（Redondo Beach public high school），那裡有健身房和運動場。曾經有數百名高中生在那裡穿梭著，做高中生會做的事情。現在那裡則是一個田徑場和足球場，一個神祕的秘密智庫就大剌剌的隱藏在那裡。

很難想像地球上有一個像 TRW 這麼迥異的巨大園區。這裡的空間劃分分散到沒有人知道同一實驗室的其他部門正在研究什麼。與大學學者和大學之間的合作模式不同，每個小組都是自己獨立的智庫，這種做法和軍方如出一轍。例如，一位負責新太空武器系統的海軍上將，不知道其他先進科學的研究計劃，也不知道哪些人正在研究什麼。這些新的武器系統有可能完全取代他船上的所有其他武器系統，包括他自己的宇宙飛船在內。

位於加州雷東多海灘的第一太空園區（One Space Park）TRW 系統集團（Systems Group），與地球上其他任何私營公司的研究組織完全不同。在一九八〇年代，它是地球上已知的最先進科學太空組織，擁有科學博士學位的人比地球上的任何其他技術團體都多。

TRW 就像是一個夢幻般的銀河智庫，致力於開發我們雙耳之間的大腦區域，看如何能夠更有效的利用我們潛藏的能力，然後將未使用的子空間（靈魂）能力與我們雙耳之間的大腦區域結合起來，讓我們的想法能夠投射到其他人的心裡，或是地球上、甚至是銀河系的其他地方。這種能力是有無限潛能的，稱為「心電感應」以及「遙視」。

唐納．德道格拉斯（Donald Douglas）一直非常擔心不明飛行物可能會對地球造成威脅。他與幾位陸軍將軍和海軍上將一起、在道格拉斯工程部內創建了一個機密研發小組。

我辭掉海軍的工作，在諾斯羅普的一個秘密實驗室待了兩年。一九五二年在道格拉斯，被選作秘密智庫的一員。

接著我利用之前海軍以及德國幽浮的數據來創建美國海軍銀河作戰任務。我構思並設計了美國海軍太空船。有雪茄形、千米長的航天器，有千米長的三角洲太空驅逐艦，也有七公里長的雪茄形海軍太空運輸船。

這些概念後來被納入對美國海軍銀河戰鬥群計劃，在道格拉斯主動投標海軍提案中。到了一九八〇年代後期，我的一些設計甚至成為美國海軍秘密太陽能守望者的太空計劃，支援某些任務船的配置，其中包括三十多種船級。

在構思了一個名為「高級概念太空」的新實驗室、並作為創始人和負責人後，我在 TRW 持續地繼續推動這個計畫。

我潛藏的任務主要是確定專業領域的先進技術，以及為研究需要所進行的交叉研究，並構想如何深入宇宙的能力。這可以是我主動、或是在副總裁的指導小組下進行。我在產品工程實驗室工作，但其中只有一小部分跟產品工程有關。做為一個掩護，這可以解決所有問題，並為每個有幸參與、或是相關聯的人提供了一種創造性的氛圍：「構想並提供美國深入宇宙的資源。」

腦力激盪、概念規劃和太空系統計劃工作領域包括：技術進步與時間研究、深空滲透計劃、NOVA 及阿波羅月球和行星研究設施、航天器、宇宙飛船、太空站、軌道研究實驗室、月球／行星、先進航天飛機、新星跟蹤任務和交通工具、太陽系、星系研究車輛、威脅／脆弱性分析、攻擊系統模式、超大型飛機及太空船上安裝雷射武器防禦和進攻、衛星通信、耐克哨兵反彈道導彈系統（星球大戰）、海軍／空軍洲際彈道導彈系統、超大型海軍太空飛船研究、思想激活控制、HAARP 武器系統／精神控制、先進的健康科學中心、先進的食品開發、先進的藥物開發、高速磁懸浮地面交通系統研究，洛杉磯縣軌道交通系統研究，加利福尼亞土地利用研究、世界度假王國（迪士尼）研究和大型海軍太空戰巡洋艦，包括具有艦橋／CIC 和 C4I 概念的三種飛行器配置。

TRW 並不是由各部門組織一起運作，而是由各實驗室自己驅動，如高級系統實驗室推進實驗室、電子實驗室、航天器實驗室、支援系統實驗室、運輸實驗室、通信實驗室、產品工程實驗室、疾病控制中心實驗室、天文學實驗室、科學遙視實驗室、地外科學實驗室、星際實驗室、（星）系際實驗室、銀河聯邦實驗室和健康科學實驗室。以上所有內容都涉及軍事（海軍）星際和星際能力，包括防禦和進攻。請注意，這些實驗室名稱都沒有直接透露他們實驗室的工作。以下是盡我所能所記得的 TRW 相關計畫列表：

- AWAACS 計劃
- 作戰備便研究（Command Readiness Study）
- 命令和控制設計系統（Command and Control Design Systems）
- 北美防空司令部系統（NORAD）
- 一九四四年在德國活動的外星人實體類型數量
- 德國黨衛軍與一四四三人間的糾紛
- 一四四三人實施太空船的時間表：一八八九～一九二三、一九四六
- 在阿根廷的德國基地
- 德國運輸／貨運潛艇計劃

· 一九三〇年德國在南極洲征服了百分之四十？
· 德國對太陽系行星的任務？
· 德國對銀河系近星的任務
· 千米長雪茄型飛船航母星艦研製
外星人的據點——作戰
· 銀河海角任務能力和要求
· 銀河航天器航母配置
· 新墨西哥白沙實驗場測試範圍任務能力
· TRW 場外代表支持限制點

TRW 智庫研究的一種工作方式是，成立計劃辦公室信函的「有限跨部會對應辦公室。」例如涉及在類似領域的威脅發展，則需要其他國防機構提供機密信息。（這在任何公司被通知之前已經發生數次。）TRW「工業簡報」備忘錄會發給特定的頂級技術人員，他們收到這個進階訊息的開會通知後，並附有一份議程表，上面寫著「目前 TRW 的數個計劃辦公室正在洽談與會人員。請查看議程表，如果您願意參加，請通知我。」在 TRW 我們很少接到命令，通常都只是禮貌地詢問。簡報結束後，有時在國防部，我們會收到威脅通知的情況。

我設計了各種任務以應對威脅，並確定了成功對抗和擊敗威脅所需的艦船和車輛類型。接著我繪製了整個太空戰鬥區域及其平台和太空車輛的初步草圖，再讓 TRW 智庫小組重新集結審查我定義的配置。在我的威脅計畫開發中，我會構思並記錄整個太空戰鬥的外觀，以及新任務將如何解決威脅，包括新車輛的外觀以及它們將執行的任務。我的資料將成為發送給國防部新TRW「主動投標提案」的基礎。

6.1 宇宙的極限

在七七三二系統實驗室中，我們再次探討了宇宙的極限。這幾乎發展成另一場雨舞，史蒂夫和塔拉堅持認為我們看錯了。克里斯和他的小妞說：「現在已經是下午四點，而我們還沒有吃午飯。我們應該休息一下，吃點東西。」

辛迪說：「天哪！比爾；你又來了，你這不同意阿爾伯特．愛因斯坦說法的傢伙。每個人都知道我們不能跑得比光速還快。六〇〇〇是限制因子，但是……」

「等等——光速並不能成為限制因子。」我說：「我們並沒有看到全貌，我一直都知道。甚至在我知道有阿爾伯特．愛因斯坦之前，我就知道光速只是道路上的一個顛簸。就像以太一樣，我們沒有意識到太空中還有其他我們看不到的東西（能量）：整個宇宙都充滿著。我想說的是，在我們完全不知道的太空中，一定有很多東西圍繞著我們。我們看不到，我們無法理解，我們在望遠鏡中看到的只是一張非常小的畫面，因為正如鮑比．雷．英曼海軍上將所說，『我們只使用了大腦的一小部分。』」

好吧！讓我們看看另外一個個。有人說：「假設外星人用精神控制來控制我們的大腦……」某個人打斷了他，「你的意思是指像爬蟲人嗎？」

「是的，因為我們知道外星人經常丟下他們獨特的五種氣體。我們的確擁有他們對橘縣

（Orange）和聖地牙哥縣的油輪中隊、在三〇〇英尺高投放氣體的照片。其中一兩種氣體含有阻止我們使用大腦其他95%的元素，這95%可能就是我們耳朵之間漂浮的大部分物質。」

辛迪（Cindy）說：「所以……讓我們再探討深入一點。來自三七五一歷史實驗室的喬治・莫（George Moe）說：『外星人肯定在阻止我們了解我們遙遠的過去。』學校甚至不再教歷史。就算有教，也只會是一個完全錯誤的版本，將阻止我們了解我們遙遠過去的、控制人口和其他文明持續戰爭的真實星球歷史……並阻止我們提出相關的疑問。」

「好吧！威利（Willy）小子。」蒂夫說：「喬治戴維斯（George Davis）在三九九二實驗室聲稱，當希特勒上台時，希特勒和外星爬行動物之間達成了一項協議。但這種安排完全是通過思想控制來實現的。沒有文件，只有心靈感應的投射，也沒有關於誰得到任何東西的詳細訊息？

「是的，蒂夫（Tiff），戴夫（Dave）對德國人是優等的種族論點感興趣；雅利安人證明了德國接管『劣等』國家的事實。」

討論到一八〇〇年代後期存在的許多歐洲秘密社團，特別是Vril社團，這很有趣。這是由一個非常年輕的女孩於一九一一年創立，她的名字是瑪莉亞・奧爾西奇（Maria Orsic）。「一四四三」秘密計劃在我的第一本書《外星人選中的科學家》中有提過。這群主要的德國公民接受了外星人的心靈感應指導，以設計和建造大型推進系統和太空運輸工具為主，然後把他們所有的家人和朋友都帶上宇宙飛船，飛出地球到銀河系外的另一顆恆星上，在那裡過上更長的烏托邦生活。黨衛軍發現了她和其他女孩正在建造的東西，並複製了Vril組織航天器運輸計劃的每一個元素。多年來，從一八九八年到一九三六年，有超過1443人參與這活動。

6.2 偷渡成功的納粹德國科學家

我們剛剛在五五九五 Program 上完成了另一場雨舞。在跑出會議室門之前，我遇到了克里斯（Chris）。「嘿，克里斯，你還記得二戰結束後，伯德海軍上將在南極的慘敗經驗嗎？」

「嗯，比爾。海軍上將帶著一些過度勞累的酒友到那裡去滑雪度假。」

「嗯，這不是真正的實際情況。」

克里斯喝著咖啡說：「我們將暫時脫離一下……。」

「喔！不。我還沒辦法脫離。因為五五九五將花上我至少六週的時間，而且期限只有三個星期。天啊！你剛聽到羅恩博士……（Dr. Loans）。」

「我知道，但是……」

「別再說『但是』了。比爾，我會打電話給凱莉，請她過來聽你的簡報。蒂芙尼現在在路上嗎？」

「不，我們不能讓他們介入此事；真的很緊迫。」

「又來了，比爾。凱莉會以為我和二七一三的那個小紅髮美女在一起；當我們晚點出現時，她就會把我那邊剪掉；還有比爾，你打算對蒂夫說些什麼來掩蓋你不在的時間？你知道她不會信服你的舊台詞，願意相信我們是在那束光中被綁架到灰人飛碟裡的嗎？」

「好，克里斯，話說回來；這對三九五四和我們所有人來說，都是一個真實的問題。你我將在三十分鐘後，在十一號樓與戴夫・羅傑斯（Dave Rogers）和克萊默博士（Clamorer）會面。」

在彼此認識之後，在這個問題上與我一起研究過的羅傑斯，請克萊姆頓博士回顧他們的進展。鎖上會議室的門，克萊姆頓解釋說，這個議題是絕密的，「只可以用眼睛看，不能說。」「這有什麼新鮮事；無論如何，我們不能向任何其他實驗室洩露其他實驗室的理論、項目或計劃。我們甚至不能要求其他實驗室的支援？」

克里斯補充道：「這是正確的。」

我插話道：「從現在開始，我們正在做的事情並不存在，我們也不存在……誰……會永遠消失？」

克萊姆頓博士，一個高高瘦瘦的男人，頭髮灰白，黑眼睛透亮著，他狠狠地用言語打擊我們：「你們這些人還記得伯德海軍上將的愛好，是在智利南部那片冰冷的南極洲嗎？」

「肯定記得。」我回答。「好吧，理查德並不是唯一一個想玩沙……不對，想玩冰的人。」在希特勒於一九三八年奪取了那裡百分之三十九的泥土之前，他們稱其為「新施瓦本」（Neuschwabenland），然後聲稱這裡是屬於德國的。他們在一八〇〇年代後期就在那裡進行著探索。」

「你是對的；一九四二年我在海軍情報部門工作時，我們在德國的特工首先向里克．博塔海軍上將報告了他們獲得的秘密訊息，然後再向華盛頓報告。當時我是博塔海軍上將的工作人員，通常在午夜之後，海軍上將的會議室會記錄這些報告。他們說德國科學家已經構思出非常棒的先進武器和幾種飛行速度可以超過每小時一千英里的飛機。德國人是在德國各地的大型地下工廠裡研究、建造和試飛這些飛機。」

「年輕人，你剛說的有點超出理解範圍了。」

「是的，但非常有趣的是，一九四三年我們的海軍特工之一丹．穆辛斯基（Dan Mushinsky），在德國中部各地進行了七個月的調查，他提到對我們（USN）來說，能了解在第三帝國發展中，令人難以置信的新文化很重要。德國人非常好奇、對南北兩極和天文學表現出令人難以置信的興趣。德國人企圖佔領我們的地球、月球和火星。他們在贏得這場戰爭後的一年內，將實現這一目標的規範。他們的工程師想知道是什麼讓一切運作正常。他們還為未來一千年的雅利安太陽系文明確立目標。「雅利安太陽系。」

「你對這件事有什麼看法，小伙子？」博士問道。

「嗯，對我來說，這就像有人透過他們最近新發現、進入銀河系的複雜驅動器，來控制他們的身心能力一樣。」

丹等不及地回應道：「德國海軍正將大量先進的研究人員、科學家和工程師運送到他們國家位於南極的另一個巨大地下基地。一九四四年，我們另一位海軍特工觀察到，自一九三九年以來，德國人至少使用了四十艘最新型潛艇進行持續擴建轉移計劃。」

「哦，等一下。」我繼續說。「一九五三年，在道格拉斯智庫裡，我們確定伯德海軍上將在那裡的地下發現了一個冰入口，並與住在那裡的一些小人交談。在那裡還發生了一場危及我們海軍人員生命的對戰。不過，當時我們還沒有確定其他人有誰，究竟衝突是發生在伯德與小人談話之前還是之後完全一無所知。一切仍然沒有定論。我們開始了一項研究，但由於我們確實需要外星人的支持，也因此該研究被擱置了。」

「說完了嗎？湯普金斯先生？」克萊姆頓博士問道。

「此外在德國，我們確定有一項重大發展計劃，涉及德國海軍軍官、一些黨衛軍和數以千計的年輕金髮女孩，為新祖國而繁殖計畫。海軍人員經常受允許到岸上休假，再到豪華的酒店參加派對，這些酒店設有花園和奧林匹克游泳池，供裸體女孩使用，他們在全國各地都有住房之處。女孩們就在派對旅館裡待到懷孕，然後懷孕期間也在工作。等到新的雅利安嬰兒出生後，女孩們才又回到美妙的持續裸體派對中心，開始新一輪的愛情。」

「你說完了嗎？」克萊姆頓博士補充道。「你的背景故事很有趣；但我們可以進入真正要討論的問題了嗎？」

「嗯，是的，但我想說的是……」

「不，你沒有」，克萊姆頓喊道。「我有發言權，你明白嗎？」

「是的，先生。」

博士接著說：「我們已經確定，一九四六年曾多次對南北兩極進行研究探索的伯德海軍上將，乘坐航空母艦跨越菲律賓海返回南極洲，據傳該航母獲得其他十三艘海軍艦艇的支持。顯然，這項任務是為了清理二戰結束後，因逃脫而被拘留的一群德國研究技術人員。」

「等等，博士。」克里斯打斷道。「為什麼我們需要其他十三艘船，這麼大的航母難道無法搭載一堆人民嗎？」

「問得好，這也是圍繞著我們任務計畫中、大量神秘事件的問題之一。」

我說：「當德國大屠殺接近尾聲時，海軍情報部門已經意識到他們正在開發的先進武器。不僅是核武器，還包括不可思議的戰爭方法。這些武器似乎是在一夜之間創造的，但不可能。這其中的每樣武器與我們的都不同。他們的圓形飛機推進器令人難以置信；海軍特工丹．穆辛斯基報告說，他們就像來自外太空。儘管這對操作員來說是不真實的，但德國機械師的確就在修復這些推進器。難道飛行員都受過訓練、像在戰術戰鬥中隊一樣操作著這些詭異的機體？儘管這很不真實，但他們就在德國各地的工廠生產這些先進的飛機。這可能會改變戰爭的結果。他們曾使用U型潛艇運輸，將先進的武器運往他們在南極新國家建造的地下工廠。」

了解這一驚人事件的嚴重性後，我對美國海軍艦艇菲律賓海（CV-47）任務，從一九四六年到一九五八年進行了調查。地球上最大的航空母艦為55000噸，但結果是菲律賓海於一九四六年五月十一日剛剛執行任務後，又被美國海軍部長詹姆斯．福雷斯塔爾光榮徵用。這是由四星上將切斯特．尼米茲（Chester Nimitz）執行和海軍伯德少將（Richard Byrd）指揮的秘密任務。

「四十艘？他們需要這麼大的戰鬥群做什麼？」克里斯喊道。

6.3 齊柏林飛艇與太空作戰的類比

自一八九五年以來，偉大的馮齊柏林伯爵設計並建造了一百多艘大型齊柏林飛艇（飛船）。與自一八六二年美國內戰以來使用的傳統氣球不同，馮齊柏林利用了幾個單獨的氣室，每個氣室實際上都是一顆氣球，包裹在一個長長的剛性用亞麻織物所覆蓋的輕質金屬樑框架內。第一次世界大戰期間轟炸英格蘭的齊柏林飛艇，在實際破壞目標城市的戰績收效甚微。然而，飛艇在空中輪番飛越所造成的心理上影響是很大的。

我們的海軍獲得了齊柏林飛艇的規格和草圖，並於一九二三年建造了第一艘飛船ZR-1美國雪蘭多號。對許多美洲印第安部落來說，一艘飛船就是外來幫忙的太空船。美麗的印第安部落詞Shenandoah，意思就是「星星的女兒」。

德國人設計了一艘巨大的齊柏林飛艇L-59，這是齊柏林飛艇的原型，其射程能夠穿越大西洋並轟炸紐約。它有七五〇英尺長，載有足夠的燃料供兩地往返。

一九一七年德屬東非駐軍缺乏軍用物資時，新的L-59是一種海軍艦艇，當時被作為遠程試飛作為駐軍提供補給用。而船長巴克霍爾特是德國最著名的飛船中尉指揮官，船上還有著名的埃克納博士。當時飛越地中海是非常危險的，因為大海和港口都被盟軍軍艦覆蓋著；只好選擇穿越熾熱的利比亞沙漠，不久後，無線電消息傳來，飛船距離德國東非安全駐軍只差幾百英里，「回頭，駐軍被英國軍隊佔領。」飛船轉身逃跑，現正在離家五〇〇〇多英里的歸返旅程中。該消息是英國人偽造的，但這次飛行證實了L-59轟炸紐約的設計任務。第一次世界大戰也已結束，所以也沒有必要執行那個任務。

一九二一年，德國最大的作戰飛船L-72，被法國取得成為戰利品。這是L-59的巨大生產版本，它也有七五〇英尺長，是最初用於轟炸紐約和華盛頓特區的首批海軍飛艇之一，德國後來擁有比V-2導彈更大的A-9和A-10導彈，也都用於相同的目標。

後來，L-72有了新名稱為Dixmude，通過在北非上空不間斷巡航超過四五〇〇英里，證明了其遠程能力。就像其他齊柏林飛艇一樣，L-72具有極輕的鋁製結構，專為在二〇〇〇〇英尺的高度巡航而設計，它並不會在沙漠地面附近會有預期的極高風湍流擾亂現象。一九二三年十二月十八日，年輕的法國機長杜普萊西斯・德格林納達（Du Plessis de Grenada）掌舵，L-72 再次起飛飛往法屬非洲。在出海的第三天，在海岸附近巡航時，收到了來自 Dixmude 的「一切都很好」的無線電訊息……然後就什麼都沒有了……L-72 也再也沒聽過了。

這艘巨大的海軍飛船是當時地球上最大的，船上有七十四名軍官和水手，儘管來自七個盟國的飛機已經搜查過沙漠和地中海，但還是沒有找到海軍艦艇。一周後，一個大港口附近的當地漁民非常奇怪地發現，格林納達船長身著完好如初的軍服，臉朝上漂浮在海面。而那艘七五〇英尺高的巨大飛船殘骸和所有的游泳高手怎麼可能都消失，而只剩年輕的船長被發現？關於可能發生的狀況有不同的說法，但沒有一個可以證明這次失蹤的合理性。外星人是否簡單地（通過電磁方式）將 L-72 吸入母艦旁邊的對接位置，以研究 L-72 艦艇及其海軍船員的設計？

在四〇五一實驗室構思和設計海軍航空母艦及其海軍任務的同時，我也在進行其他研究，即是結合大型外星雪茄形飛行器任務與我們地球早期海軍飛船操作的相似性。我對支援性機體及其起飛和著陸操作非常感興趣。我們有幸在 TRW 秘密外星人文件中（由我們處理），由高素質的軍事和文職人員對外星海軍星艦目擊事件進行了大量的描述和分享。這艘外星母艦是可以發射較小偵察機的，其明顯的任務是調查我們的秘密軍事機構和報復能力。當較小的飛船離開母船時，艙門不用打開，較小的飛船隻是從大船金屬鍍層的側面出去。我們觀察到返回的飛船以相同的方式退出和進入，不需要打開任何門。我們還從海軍航母戰鬥機上三十五毫米電影底片上，拍到了執行相同任務的畫面。顯然，飛船的結構如果不是為較小的飛行器按照寫好的程式編程飛出母艦執行任務，就是為小的飛船在執行任務時進出所設計的。

6.4 秘密雷射武器系統是如何以及何時開發的？

早上七點剛進辦公室時，電話響了，是雷蒙德・索倫森（Raymond Sorenson）博士打來的。

「嘿，比爾，昨晚沃利斯海軍上將打電話來，說要邀請 NAVSPACE 的史蒂夫・馬庫斯海軍上將加入我們本週雨舞的議程；這傢伙是執行某種深水太空任務。之後，我會安排你提前做簡報。至少在我們可以從馬庫斯身上搜出他真正想透露給我們的訊息之前，巴特（Bart）博士可以根據你的需求提供技術支援。如你所知，沃利斯將搭乘他的直升機從聖地亞哥飛來；而來自弗吉尼亞州的馬庫斯，將於七點半抵達洛杉磯國際機場。」

「好的，雷。我將開我的卡提拉克去接上將和他的助理，在回 TRW 的路上再和他閒聊，並試著了解他真正想要什麼。」

「你讀懂了我的心，比爾。喔！帶著艾希莉（Ashley）跟你一起去。我知道她可以開車，你就讓這穿著短裙的助理跟你一起忙碌。九點見。」

在介紹喝完咖啡後，海軍上將馬庫斯開場說，

「湯普金斯博士，你們這些資料是怎麼得到的？」

「是這樣的，先生，我只是這裡的一名繪圖員，他們並沒有告訴我所有的一切。我也沒有參與早期的工作，但我確實設計了許多配置非常遠程的（深空能力）雷射武器系統。早期的配置被組裝成圓形支撐結構，並安裝在軍用七〇七運輸機的上部中央機身中。這在當時提供了一八〇度垂直瞄準能力，它們的尺寸和射程有限，但確實提供了摧毀目標的能力。後來，我們為星球大戰反彈道導

彈計劃設計了更大的配置系統。但正如先生你所知道的，他們的主要任務是執行反外星載具破壞計劃。」

雷接著把我請到講台上，我直截了當地說：「各位，我們正使用我們的背光牆螢幕來進行整體的簡報，而且我還為 NOVA 任務準備了單獨的圖表。正如你們有些人所知道的，TRW 也從事雷射太空業務，所以讓我們回顧一下我們的一些雷射武器計劃。自六〇年代初以來，TRW 一直在設計、製造和測試各種可用的雷射器，從微型計算機大小到巨大的、直徑為一〇〇英尺的太空防禦系統。正如您在螢幕上看到的那樣，這些數據是從——我們可以這樣說——某些系統和硬體非官方單位獲得的，將這些系統和硬體提供給 TRW。我們後來因此建立了逆向工程研究計劃，其中一個即發展成為我們的雷射機載／太空武器計劃。

會議室頓時安靜了下來。「各位，我們這裡大家都是好朋友，」我繼續說，「直徑二十六英尺的雷射原型機將建造並安裝在海軍七四七的機頭部分；但是，無論出於何種原因，這些都會被標記為美國空軍。我不明白為什麼你們這些人似乎不能在這些事情上三軍統合成一條心？」桌子周圍傳來一陣竊笑聲。

「這些最新的機載系統將是 YAL-1。雷射束功率和火控系統非常大，它們將完全填滿原型七四七的整架兩層式機身。YAL-1 的零件將在七四七的中心線上向前懸臂三十英尺，即位在飛行員和副駕駛的下方。在早期的模擬飛行測試中，這個機頭位置提供了一個更優越的操作位置，能前傾二一〇度的瞄準能力。該裝置安裝在窗戶組件內的轉塔中，它有一個非常大的隱形眼鏡，且符合光學規範，這是必要的，因為光學塗層窗口是光束的出射點。」

馬庫斯海軍上將再次介入，「好吧，湯普金斯繪圖員，我知道沃利斯海軍上將有興趣考慮將您的 YAL-1 雷射系統安裝在他的 NAVSEA 艦載反彈道導彈計劃中，甚至想安裝在你所提議的反外星飛船上。但在我看來很明顯的是，作為首席繪圖員，你疏忽了你的職責，沒有二加二的加成效果，將你一顆閃亮的新雷射器放到一顆衛星上。」

我的金髮碧眼秘書蒂芙尼站起身來，跺著腳朝馬克斯上將生氣地說：「比爾不是繪圖員，告訴你，他四年前在先進概念員工會議上提出了一項建議，就是要這樣做，而且他也是該組織的主席，就這樣！」在鋪著厚厚地毯的地板上，她的跺腳聲不起任何作用。海軍上將的副官拉著蒂芙尼的裙子，低聲說：「你最好在被解僱之前趕快坐下來。」知道海軍上將是一名水手後，蒂芙尼穿著超短裙，迅速三六〇度旋轉著，讓上將得以欣賞到她那條小小的紅色丁字褲。為此，上將給了她一個大大的讚許。

「嗯，湯普金斯繪圖員，你所做的一切都給我留下了深刻的印象，包括你年輕女士的一番話。我正準備砍 TRW 的足夠資金，以支援 YAL-1 生產和後續太空研究配置的計劃。」

「遵命！」

從大型到最小的計劃，TRW 都與海軍簽訂了指揮控制（C4I）合約（Communications Computers & Intelligence）——那些都是我多年前提出的，軌道衛星系統小組因而讓我成為武器系統負責人。由於我在道格拉斯擁有廣泛的背景，我可以用在 TRW 完成這項任務通常所需時間的一半，來設計飛行器和地面支援系統。在完成該計劃後的時間裡，我被要求支援其他五個計劃作為系統概念規劃師。其中之一是安裝在道格拉斯 A-3B 空中勇士：遠程艦載偵察轟炸機上的海軍先進機載指揮控制系統和對抗計劃。

6.5 星球大戰武器系統

在 TRW 的主要校園實驗室裡，超過十四種不同配置的雷射武器系統正進行研究開發中。alpha 設備化學雷射器用於在太空環境中運行以滿足 TRW 的要求，其中包括戰略防禦計劃（SDI）。我為不同的雷射系統設計了許多配置，包括在海軍機載七四七的機頭安裝 alpha 化學雷射器以滿足 SDI 的要求。然而，為了滿足這些要求，我們將輕量級鋁製高功率光束化學 alpha 雷射器，安裝在具有一〇〇萬瓦功率的 TRW 軌道空間衛星中。這種修改包括了太空推進系統。

一九四二年，在我非常規的四年海軍情報高級研究期間，接受非常奇怪的任務對我而言是必要的。一個是費城實驗，這將使我們的海軍艦艇隱形，甚至阿爾伯特愛因斯坦也參與這計劃；另一種星球大戰類型的武器仍在應用研究中，尚未考慮開發。這在作戰時，任務主要是用攻擊性光束武器來保護我們的海軍艦艇。這些光束將取代我們水面艦艇上的傳統高射砲，該計劃於一九五三年在聖莫尼卡的老道格拉斯智庫發起。後來，它受到了我們一九四二年二月在洛杉磯擊落的墜毀幽浮上發現的外星武器技術的影響。

這種開放式的（任何事情都可以）先進能量武器研究是我任務中的一環，而且非常機密，以至於它沒有計畫名稱，只有代碼編號。我們的任務由海軍部長詹姆斯·福萊斯特定義，在中國湖海軍武器中心建立主要研究機構，以開發和測試光束武器。隨著越來越多的不明飛行物墜毀，這些硬體可以在中國湖基地的一個單獨秘密區域中進行逆向工程，某些大學和工業組織也簽約參與這計劃。

最後在冷戰期間，這個小組成功地將百萬瓦級（megawatt）的化學雷射器和高功率光束控制武器等技術，成功縮小到工程實用級規模。

一九五八年初，TRW Systems Group（一家非營利性公司）成立，將海軍的大部分原型艦載高能雷射武器（HELW）配置用於研究和開發。到一九六三年，TRW已開發出三十多種不同類型的低能和高能雷射器，它們的尺寸從微型醫療儀器工具到大型的艦載和機載海軍武器。（從照片中正在進行測試的人可以看出，武器規模的大小。）

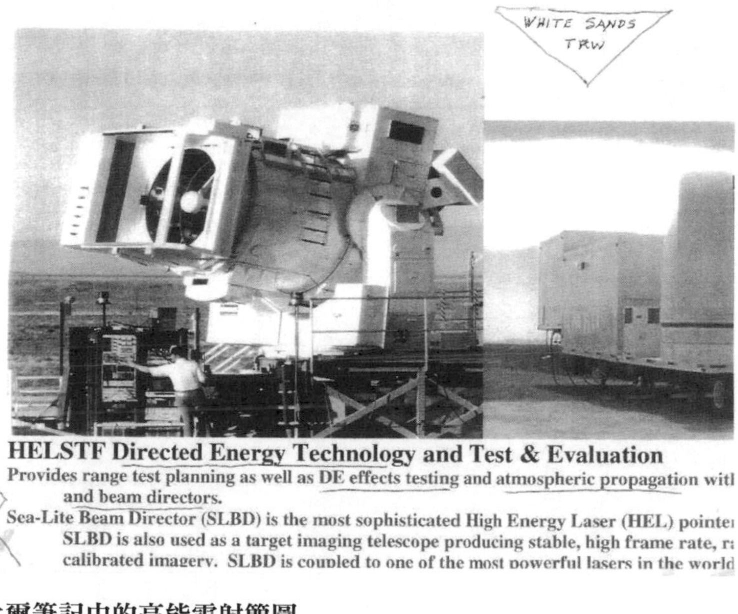
WHITE SANDS
TRW
HELSTF Directed Energy Technology and Test & Evaluation
Provides range test planning as well as DE effects testing and atmospheric propagation witl
and beam directors.
Sea-Lite Beam Director (SLBD) is the most sophisticated High Energy Laser (HEL) pointe
SLBD is also used as a target imaging telescope producing stable, high frame rate, r
calibrated imagery. SLBD is coupled to one of the most powerful lasers in the world

比爾筆記中的高能雷射簡圖

第⑦章 TRW——參與的遙視工作

理論中心（The Theory Center）是一個單獨的操作環境，包括遠程查看功能（亦稱遙視，Remote Viewing）。我很榮幸能參加研究實驗室中的研究。

這裡的理論致力於精神控制的幾種配置，一項研究概念利用電磁能量進入隔音房，與男性和女性群體一起評估他們抵抗定向思維激活影響的能力。

另一個配置是電影和電視行業的營銷工具，這涉及在電影原聲帶中呈現觀眾無法聽到或看到的訊息，從而影響他們完成他們原本完全不知道的任務或使命。

7.1 在 TRW 的遙視工作

遙視始於冷戰初期，當時幾名 TRW（一家美國公司）和 DAC/RAND 的人員試圖在武器系統規劃大腦會議期間，通過思想活化心靈感應投影概念。有時，這些遠視觀眾會關注蘇聯工程師如何設計類似類型的武器系統，他們的想法（目標）最終會出現在位於 X 緯度和 Y 經度的俄羅斯軍事研究中心，實際上是第一眼就在建築物上，然後從內部查看正在開發的武器。遠程觀察者可以鎖定一個目標，甚至可以聽到俄羅斯工程師，談論他們在製造或測試先進導彈系統時遇到的問題。

中央情報局得知了遙視活動的風聲，立即對整個計畫進行分類。對他們而言，如果這可以開發成一個可靠的系統，那麼這會是他們接觸過最棒的工具。

有趣的是，在廣泛的研究中發現，並不是每個接受過遙視培訓的人，都有能力完成指派的任務。似乎只有有限的群體，可以重複造訪特定目標。現在我們進入遠程查看的有趣部分，在對蘇聯軍用太空衛星進行廣泛的目標搜索期間，我們的遠程觀察者發現了許多未在空軍 NORAD 雷達螢幕上定位到的交通工具。

事實上，任何軍用雷達，甚至我們 TRW 衛星的雷達都無法定位或識別這些英里寬的車輛；他們根本就不存在。但蘇聯間諜衛星肯定就在那裡，這些巨大的三角洲飛船就停在附近。遠程觀察者甚至可以識別完全未知的航天器側面的窗戶和象形文字。然後，遠程觀察者將注意力集中在其中一艘宇宙飛船內，並目睹指揮和操作中心有奇怪且穿制服的人四處走動著，就好像他們是海軍航空母艦的船員一樣。

二二〇〇理論中心的開發是為了利用對太空計劃的支持，然後需要經過特定的腦力激盪審查。一些機密的遙視節目是與美國海軍情報局和／或其他先進的智庫組織合作的。在冷戰期間，蘇聯海軍在隱身術和其他領域的航空母艦開發、以及其他水面艦艇方面的技術取得了令人難以置信又驚人的進步，如此實現了遠程查看早期目標的嘗試。整個蘇聯海軍的最高指揮官，謝爾蓋戈爾什科夫海軍上將，成為眾矢之的，據說他過去像列奧納多・德文斯和愛因斯坦一樣，曾受到心靈感應的影響。正如你們有些海軍歷史學家所知道的，戈爾什科夫海軍上將是現代俄羅斯海軍之父，他構思、設計和建造了配備垂直發射洲際導彈的巨型潛艇——時至今日仍是地球上最大的潛艇。我們的遠程觀察者不僅可以進入戈爾什科夫的辦公室，而且還能夠聽到那裡所說的每一個字，以及看到每一個海軍先進設計中心和每艘正在運行的潛艇。沒有任何情報車輛能夠執行如此複雜的任務。在戈爾什科夫的辦公室裡鎖定了目標，顯示那裡的精英也在考慮外星人對俄羅斯的影響。遠程觀察者隨後將他們的數據呈現給里根，他之前已知道遠程觀察情報的成功。里根曾打電話給戈爾什科夫海軍上將，說要停止冷戰，認為彼此必須聯合起來，以保護我們的星球免受戴黑帽子外星人的侵害。因此牆倒了。

TRW的許多專業人員，包括我自己，都試圖通過心靈感應將我們的概念和想法傳達給其他研究人員，並試圖接受他們的想法。然而，主要成功的遙視操作過程都是在專門用於遙視任務和目標的特定實驗室中完成的。遙視任務的一個簡單描述是讓操作者選擇地球上的特定位置，如舊金山（緯度／經度），並像從飛機上一樣俯視。操作者想像建築物的頂部，然後深入到不同的樓層，再進到所需的樓層和房間。觀看者能夠看到和聽到人們在說什麼，然後可以專注於原則，聽到所說的一切，甚至可以專注／閱讀表格中的文件。嘿，這不就是美國海軍情報人員進入戈爾什科夫海軍上將秘密潛艇設計的一種很酷的方式嗎？

有一位觀察者犯了一個錯誤，他沒有低頭，而是直視著停在加州上空六公里長的宇宙飛船底部。出於某種原因，隱身系統要不就要被關閉，要不就不受遙視接收的影響，這才能使他深入到飛船和艦橋。他看到穿著制服的人員正在執行如同海軍航空母艦一樣準備開始的行動。然而，這座橋比那個遙遠的觀看者所見過的任何東西都要大得多，而且令人難以置信的是這飛船更先進。

這事件在所有最有才華的遠程觀眾中掀起了狂熱，他們將與空軍北美防空局（NORAD）的通信，瞄準這個特定的緯度／經度，以及在那裡所有可能的不明飛行物。外星飛船是有能力防止任何類型的傳感雷達且隨時能檢測到它們，就像大多數外星人所做的那樣，外星飛船也可以使自己隱形。

7.2 遙視和鮑比・雷・英曼

鮑比・雷・英曼和戈爾什科夫，在一九八〇年代。海軍聯盟的行動調查了在西北地區用遠程觀察外星人存在的紀錄。在海軍聯盟會議室的一次會議上，我透過遙視觀看了美國海軍對太平洋和大西洋的反潛戰（ASW）所監視的蘇聯海軍對口，我說：「我擔心的是冷戰期間，我們可能不明白，吃了敗仗的蘇聯決定拆掉他們在德國的牆。（這可能是由第三方影響造成的。）你們其中有些人可能知道，這是美國海軍對遙視任務一次非常成功的情報調查結果。」

「好的，比爾；」沃爾特斬釘截鐵地說：「我知道你要說什麼。」

蘇珊突然出現，迷你飛行式的抓住我的擴音器說。「等等沃爾特先生；這個立方體遙視小組了解我們在這個外星通信系統中的背景是重要的。她把麥克風塞回我手裡說，「繼續，比爾寶貝。」

我繼續說：「這一切都始於一九六九年，當時四星級海軍上將鮑比・雷・英曼遭遇近代海軍歷史上最嚴重的情報問題。蘇聯海軍一直在建造一些看起來非常不同的新型小型艦艇。他們的海軍艦艇船體、上層建築、雙桅船桅甚至砲塔的側面傾斜超過七度。」

「這到底是為了什麼？」太平洋艦隊的另一位四星指揮官吆喝著說。

「接著我們追蹤了一個看起來完全不像破壞者的新中型；但那勢必是破壞者。更糟糕的是，還有一艘看起來像星球大戰的巡洋艦。」（我們 TRW 是斯皮爾伯格太空電影《第三類親密接觸》的主要技術顧問。）

「這就夠了」，鮑比・雷・英曼說，他在海軍知識界組建了一個秘密智囊團，由海軍和航空航天領域的頂級概念思想家所組成。一位能說流利俄語的海軍指揮官，認為他自己過去花了太多時間在學習後，（他的名字是 Ted Mitchell）說道：「我做到了；我做到了。」

「你做了什麼？」沮喪的海軍上將問道：「我真的很認真地思考，專注於他們建造船隻的海軍基地。過去通常在我休息的時候，我看過幾次他們的東西。我忽略了所有的討論和談話，只專注於他們的新船設計：這就是問題所在。我把頭向後仰，覺得有點頭暈，甚至有點想睡了，雖然不是一直都如此，但我發現自己漂浮在海參崴海軍基地上空四萬英尺的地方。好在當時是夏天，因為我冷到發抖。往下看時，發現有兩個巨大的長干船塢。其中兩個碼頭有大型奇怪的船隻正在建造著，我把自己的注意力集中在他們正上方大約四百英尺的地方，就像用相機在拍照一樣。其中一艘是我從未夢想過的戰略巡洋艦，有一艘是巨大的航空母艦，它的飛行甲板形狀是我見過的。接著我飛下來（是的，我飛了）到船邊大約一百英尺處。我的天啊！都是航天器之類的東西，你應該從側面看這艘船，它大概兩千英尺長，而他們的建築起重機必須有五百英尺高。」

「等等，泰德，你和我們一起在這裡，而不是在俄羅斯，」研究委員會的傑布插話說道。

索倫森博士打斷了他說：「我已經告訴過你這件事了。泰德在俄羅斯。他正在使用他的潛意識，他使用的是他的靈魂。」

泰德繼續說道：「這不像任何國家的海軍艦船起重機，反倒是成為地球上最大的造船起重機。」他飛到一片建築物上，認為那裡可能是俄羅斯海軍總部。透過感應工程，我從一棟外觀顯赫的建築物屋頂跳進了一個設備齊全的大型會議室。燈光本來可以更好一些，但毫無疑問地這裡就是我想去的地方。至少有三十名高級海軍軍官、他們的助手、以及穿著考究的設計工程師和建築負責人在那裡。但是，最重要的是，站在主桌中央的是房間裡最高、最令人印象深刻的人；他是這個星球上最重要的海軍指揮官，眼睛明亮、頭髮灰白、留著鬍子，長著鋒利的山羊鬍子：他就是四星上將謝爾蓋·戈爾什科夫，身穿制服的蘇聯海軍最高司令官。

「我很驚訝能看到和聽到所有的一切，甚至聞到咖啡的味道；很本能地，我知道沒有人能看到我。是的，是有人討論過他們的反雷達隱身設計，這使得美國雷達幾乎看不到他們的船隻。但是，更重要的是，他們理解到我們星球上外星人存在正影響著地球上的每個國家。他們認為外星人絕對控制著我們的星球。」

泰德非常突然地回到了鮑比雷海軍上將的智囊團，領悟到他已經找到了解決這個大問題的答案……「過去二十分鐘你到底去哪兒了？」有人打醒他。

「好的，先生，我發現自己在說，『這對我來說是全新的』，但我想我可能真的去過戈爾什科夫的秘密會議室，明白他們為什麼要這樣建造他們的船：即是要打敗我們的雷達，先生。」

「等等，泰德，解釋一下你剛剛發生了什麼事？」戴利船長問道。

「你能再做一次嗎，泰德？」我問。

在把所有的事情回顧五遍之後，大家都認同我們真的可以比以往任何時刻都更偉大地投射我們的思想。在多次嘗試並成功地重複相同的程序後，我們三個人能夠掌握這種遙視技術，如果夠完善，可能能成為主要的情報工具。俄羅斯海軍似乎在外星任務上幾乎每一個元素，都比美國海軍有更多的了解。一身冷汗從我身上冒出來；不知何故，我們在美國海軍情報部門，對外星人的了解竟比俄羅斯少？鮑比．雷在證明自己的遙視能力後，讓特德潛入米哈伊爾．戈爾巴喬夫的辦公室，發現蘇聯領導人比里根總統更了解外星人對地球的威脅情況。鮑比．雷打電話給理根，告訴他調查取得了重大突破，以及俄國人對我們星球上外星人威脅有了非凡的理解。這導致里根致電給戈爾巴喬夫，談論著我們所處的這個令人難以置信的情況，這也導致了這個星球的兩位領導人之間的會面。會面的共識是同意冷戰期間，兩國之間的所有問題和分歧，與外星人顯然已經控制了地球每個國家至少近數千年的問題相比，前者已算不了什麼。他們握手言和，不僅冷戰停止了，德國的牆也因此倒塌了。戈爾巴喬夫離開俄羅斯搬到舊金山，接受了斯坦福大學的教授職位。所有這些歷史上的重要事件，都是通過首次發現遙視技術而實現的，這技術是大腦和外星交流方式的重要擴展用途。現在在俄勒岡州南部的海軍聯盟中，這技術也得以實踐，同時在星系這一部分的整體思維中也獲得利用。

7.3 涉及 TRW 的科幻電影

正如你們有些人所知道的，空軍一直表示他們在過去五十年的研究得出的結論是，沒有一個幽浮是來自外星。然而，政府知道這不是真的，也已經多次嘗試讓一些真相隨虛假信息一起露出，主要都是通過新聞媒體發布。這明顯的漏洞在於宣傳電視節目對孩子的影響，從幼兒園開始，一直持續到中學。孩子們的玩具、書籍、電視和電影，都揭示了數百種不同的外星種族與我們有關，包括昆蟲到恐龍都是。

TRW 是斯皮爾伯格（Spielberg）導演的電影《第三類親密接觸》（Close Encounters of the Third Kind）的技術顧問。這部電影的故事情節是虛構的，而整部電影中有許多不明飛行物目擊事件都是非虛構的。當一艘巨大的外星飛船著陸，喇叭響起，攝影機開始運轉時，穿著白色實驗服的人，背上背著大大的藍色字母 TRW 即現前。

TRW 技術人員對早期的《2001：太空漫遊》這部科幻電影有多大的影響，其中即在月球上發現了一塊外星人留下的巨石，在自由世界的雞尾酒會上仍爭論不休著。

在研究埃及金字塔結構期間，TRW 已經確立了科學事實，該研究得出的結論是埃及金字塔不可能由人類建造。由於我們在學校傳授的學習曲線很差，科學事實常常實際上至少在五千年前就發生在地球上過。

斯皮爾伯格發行的另一部電視迷你劇《即刻救援》（Taken），也是由 TRW 提供技術支援的，也發行成書；這些都是我在 TRW 曾參與的所有活動與計畫。我主要想要表達的是，政府過去這五十多年來，透過發布地外訊息，並試圖讓公眾知道與接受外星人問題的真相，以控制公眾對這些恐怖事實的恐懼。

二〇〇四年電影《四四〇〇》的基礎是對一九四〇年代至二〇〇四年間，被綁架的四四〇〇名美國公民非虛構的事實曝光。四四〇〇名公民中，有許多年輕妻子在一九五〇年代初期與其餘四四〇〇人，一起從華盛頓州西雅圖附近的一個湖灘上消失了。他們已經失蹤了五十年，但他們卻仍然只有十九歲的樣貌；回來時，他們過去年輕的丈夫已不是年邁就是死了。

就像我說的，你們這些好人必須盡量不要只透過一扇小窗戶來看這宇宙。這不僅僅是「真相就在那裡」，而是要看整個大局。主要是天合、道格拉斯／蘭德、諾斯羅普、北美、洛克希德，甚至馬丁工程多年來一直沉溺在此類事件中，迫使他們思考地球以外智慧生命對人類的影響。

TRW 也曾經為電影《二〇〇一》做出些許的貢獻。

通常，百分之九十的電影是針對兩個市場製作的：一個是為美國市場，另一個則是為地球其他地區而製作的。

7.4 TRW 試圖建造埃及金字塔

TRW 聘請了世界上最有經驗的建築組織 Bechtel Industries Corporation 來支援我們了解切割大石塊的方法，然後針對如何將石塊移動到建築工地的改進方法，再將其組裝成金字塔。憑藉他們所有頂級的系統設計師和構建方法，都無法完成這任務。這些石塊都是從距施工現場數英里的山上，所開採出來的六十噸重的岩石。當我嘗試協助完成該建設的後期審查時，回想起那些年，我的叔叔哈丁博士和他的三個女兒（我的堂姊妹）試圖在加州聖莫尼卡發現埃及工法的事情。

7.5 外星化學戰

薩布麗娜（Sabrina）是來自一四三三生物醫學實驗室的漂亮小姐，穿著橙色迷你裙，站起來說：「比爾，你滿腦子的餿主意，想要把那些混蛋編到你的工作時程裡；但他們根本沒有辦法分辨現在是什麼時候。」

「嗯，的確，薩布麗娜，在 TRW 的一些人對我們的海軍航空母艦以三或四光速運行的評價仍然感到困擾，但對我們來說，幸運的是他們沒有參加這次會議。」

「好吧，但是你，比爾寶貝，你最好把事情說清楚；Ops Lab 1600 中那位挑剔博士 Philips，一直在煽動 TRW 裡沒有任何共濟會這件事。煽動軍隊只是你宣傳的一部分；對他們，我是這樣說的。」

「小丫頭，你應該明白，千百年來，外星人的星際戰鬥群一直以十倍光速穿梭於銀河系中。」

「嗯，我知道，但其中一些混蛋太專注於自己的領域，以至於他們無法想像我們的使命和真正面臨到的威脅。」

「哇，薩布麗娜，這是我的台詞。我要把你調到我的實驗室，讓你兜售這些想法。他們還可以像我們在航空母艦上，透過艙壁從一個隔間到另一個隔間一樣輕鬆地進出不同的時域。」

「是共濟會嗎？」她問。

「不，是外星人，小可愛。」

就在我對薩布麗娜有更多了解的同時，我開始有了這個夢想。我看著薩布麗娜正笑著把她的長腿都露出來，而迷你裙則短到我幾乎什麼都看不到。這位身材高大的金髮女郎來自三九〇一的子空間，穿著短袖夾克和四英寸高跟鞋。她強調會議總是要遲到才能有壯觀的入口，這讓前排的一位博士挪動了位置而空出一個座位給薩布麗娜。

薩布麗娜雙手撩著金髮，一副是要脫掉衣服的態勢，情意綿綿地盯著我的眼睛，盤起長腿，紅色的內褲露出，專門給我看。

我繼續做簡報！「我們必須從不同的維度開始思考，外星人開發了在數千年前建造大型星艦的技術能力。外星人穿梭過去和未來，他們能跨越時域，生活在未來。現在，我們在這個星球上生活在技術爆炸的時代，但我們仍處於銀河曲線的起點。回到道格拉斯，我們浸泡在外星油輪用來控制我們的五種氣體裡。正如你們大多數人所知道的，道格拉斯智囊團對一九四二年珍珠港事件發生兩個月後，在南加州投下的氣體進行了第一次研究。超過五十萬人目睹了數十個幽浮，從聖巴巴拉上空飛過，也目睹了聖地亞哥和聖巴巴拉之間所發生的一切。鮮為人知的是，當其他不明飛行物圍繞在他們身邊時，有更大的不明飛行物停在每個社區。大型機不斷被防空火力擊中；此外，長灘港的每艘海軍艦艇甚至乾船塢的艦艇也都向這些不明飛行物開火，耗盡了海軍艦艇和基地上所有的彈藥。空襲從凌晨十二點半開始響起，而所有的襲擊一直持續到凌晨五點半。這五十幾萬人走出家門觀賞了這整晚的活動，並沒有人心臟病發，也沒有人感到害怕，每個人事後都重新入睡。與此同時，在世界的另一端，德國正向倫敦投擲著炸彈，那裡的每個人都跑進了防空洞中。」

「這裡沒有恐慌的原因主要是在襲擊發生前幾天，一個不明飛行物油輪中隊在南加州投下了五種氣體。我們呼吸了外星人的『鍋』氣，並在襲擊發生時情緒高漲。智庫生物醫學專家很早就確定了兩種氣體的成分。一種是強迫女孩們看連續劇，讓男人花時間看棒球和足球。我們現在的問題是我們有其他外星人干擾爬蟲人的五種氣體。他們讓我們所有人都對他們其他的氣體感到畏縮。」

7.6 海邊照片和外星氣體

二〇〇七年初在加州歐申賽德的一個週五晚會上。四對年輕的職業夫婦只是喝了一點酒，在結婚前交換了彼此的故事，每個人都拍了彩色照片。派對在其中一對夫婦的家中舉行，他們說：「很好；我們都要去俯瞰卡爾斯巴德的死胡同，看看我們正在建造的公寓，如何？」隔天早上，所有人都站在欄杆邊，驚嘆著幾乎完工的公寓。新主人拍了一張與公寓和美麗的卡爾斯巴德山谷合影的彩色照片，之後大家就都離開了。當所有派對照片亮相時，在其中一張照片中拍攝到有六艘細長的鋸齒狀外星油輪，正在投放五種不同顏色的氣體。

這張照片是一些夫婦拍攝的，展示了他們正在購買的房屋。他們沒有看到飛船或白色噴霧。

（編註：比爾堅信以下內容——這張照片是真實的，當時爬蟲人並沒有啟動「照片偽裝」模式，爬蟲人幾十年來一直在噴我們，以阻止我們充分使用我們的大腦能力。以下與氣體相關的段落是比爾在不同場合寫的——編輯。）

回到我們在TRW繼續使用的另一個道格拉斯用來改變思維的測試系統：一九五〇年代後期的陸軍／道格拉斯氣體傳感計劃。智庫從一九四三年開始進行了許多研究，旨在解決精神控制的使用問題。後來我們繼續處理數百種概念的所有範圍。

其中一種涉及了氣體類型，以落實大腦能力的開發，再協助技術領域。另一項研究則降低思考。

陸軍在第一次世界大戰之前就開始研究和開發神經毒氣，然而，外星人在我們星球的技術開發領域噴灑了幾種氣體，這成為智庫先進研究幾個波段中的主要問題。這項研究在我們的智囊團中遭洩底了並提交給陸軍。後來一份陸軍武器合約被交還給道格拉斯工程公司，以構思和建造幾個移動氣體傳感站中隊，這個計劃是秘密建立和執行了幾年。

道格拉斯智庫了解到外來氣體問題後，聯繫了陸軍化學戰小組，將問題提報給他們。接著是陸軍將軍巴克，也是化學戰司令，向道格拉斯先進設計提交了一份秘密徵求建議書（RFP），以建立多個傳感系統接收天線移動器，以追蹤全國的氣體。我是該系統的主要設計者之一，該裝置配置在兩個基本系統中：一，從西海岸的移動商用 Fruehauf 罐式拖車中釋放不同的氣體；第二，在配有所有必要儀器來分析數據的移動拖車中接收氣體，也同時在東部城市接收氣體，我們設計了二十多套系統來確定數據。目標是要找出外來化學物質的成分，並確定它們對我們人類產生影響的確切性。傳感系統安裝在拖車上，拖車將被拖到美國各地。西海岸的發射器會釋放氣體，傳感器系統將追蹤從全國到東海岸的氣體；我們的天氣條件恰如其分地提供了超過百分之六十由西向東的鋒面。但老實說，我們的系統仍非常有限，但我們現在至少有十七個其他的外星團體，他們擁有不同的計劃，在我們的星球上投放著不同的氣體。以下內容將揭示老外星集團至今仍繼續在執行他們的空投任務。

7.7 涉及延長壽命的計畫

我們所執行的幾個項目和計劃中，都涉及著延長壽命的議題。這些任務不在五四三八中，所以我和 Logy 決定將它們組合成我們建立的新配置計畫三四三八—L&L，我們對 L&L 進行保密，並對當前的醫學發展進行部分了解。延長人類壽命的方法是需要由研究來支撐的。藥品可以開發來活化體內的細胞，以減緩（或停止）體內所有器官組織和骨骼的退化；也可以將幾種藥丸或注射劑引入體內，比如六個月的時間，以減緩身體老化的系統。

藉著對德國太空計劃的了解，我們實施了五項主要任務：

1. 我／我們發布信息並建立具體的調查計劃。
2. 使用我們的海軍特工在德國控制的黨衛軍戰區執行任務中所獲得的德國高級文件，以建立初步的研究區域。
3. 在舊金山設立了小型海軍專利局，蒐集所有先進的技術議題專利；並對執行辦公室進行分門別類。
4. 我們聯繫了全國各級政府和民間高級大學、研究實驗室、醫學中心、藥品和化學組織。
5. 我們構建了我們的執行方法，以解決歷史上地球所面臨的最大威脅。

我們將不再需要外科醫生。藉由閉鎖我們大腦中更多的微動開關，可以為左腦的某個部分提供簡單的接線，以引導右腦的一小部分進行自我修復。

「生物科技就是解套，」我們一邊吃著大塊牛排和土豆，我一邊對 Chris De Angelo 說。

「好吧，比爾，我問你；能解套什麼？」

「活到四千歲；很多外星人一直都這樣做；那個小可愛，蒂芙尼，大多時候幫你解決麻煩的那位，已經超過六千歲。」

「的確，我知道她看起來只有十七歲，調情像個二十一歲的蕩婦；但是她不會承認的。」

「但比爾，我們都知道她真的活了很久。」

「真的，克里斯，吃重肉和土豆並不能讓我們活得更久。肥胖症現在很猖獗，如果我們不提出減少卡路里的計劃，那麼在未來幾年這情況可能會變得更糟。」

「眾所周知，我們都在七七〇八計劃中與那個小性愛壺 Holly Morgan 一起從事抗衰老的計劃，蒂芙尼並不知道我經常使用她的繳費號碼。」

「如果蒂芙尼發現我們在這個計劃有了性交流，你就麻煩了。」

「等等，蒂芙尼上週瞥了我邪惡的一眼。我納悶她知不知道七七〇八正有事情在發生著？」

「比爾，那個小狐狸摩根博士擁有長壽博士學位，是七個實驗室的首席生物科學家。她在七七〇八中的主要推動工作是，通過降低體力耗損以延長壽命至六千多年。」

回到霍利博士腦力激盪的會議室裡，她繼續重新定義計劃底線。有一個稱為老化的過程，它是充滿變數的。有些動物物種，例如巨龜，已知可以活到一百五十歲；而有些魚可以活兩百多年，完全沒有衰老的跡象。而人類卻不斷表現出衰老的跡象，這即是大家所知的老年學研究，但我已經省略了這個領域的所有歷史，並概述了所有可能的方法……概念，正如你，比爾，說要實現延長壽命的方法。要想活到幾千歲，首先要先解決「我們為什麼會衰老？」這問題。

第⑧章 TRW——推翻舊能源的推進系統研究計畫

我與先進計劃主任吉姆・莫頓（Jim Morton）花了三年的時間開發喬・帕普（Joe Papp, JP）計劃，最終配置了二十七個獨立的推進系統，包括各種類型的內燃機，從克羅斯利（Crosley）的四缸發動機，到大型十二缸海軍驅逐艦和柴油車引擎發動機都有。

8.1 喬・帕普是否有利用自由能工作的引擎？

曾經有一位名叫喬・帕普的東歐移民、與家人一起前往密歇根州的底特律（Detroit, MI）、說服汽車公司讓他開發一種由他所設計的發動機。該發動機只需要水作為燃料，無需汽油。當他被邀請到不同的公司展示他的發明時，他經常接收到威脅、被告知必須停止該項設計。但他並沒有因此而停止。

一開始，他的妻子被一個蒙面男子砍掉了耳朵。男子威脅她說要她的丈夫停止宣傳他的發動機。喬・帕普並沒有因此而被嚇倒，他仍試圖推銷他的發動機；就連他在嬰兒期的小女兒也被綁架、在幾週後被剁成碎片、用鋁箔包裹放在鞋盒裡面送回來！即使這慘狀也沒能阻止他宣傳發動機。

他和妻子前往洛杉磯，在那裡他安排了一場帶有克羅斯利（Crosley）四缸發動機的系統展示。此次展示在洛杉磯機場的一個停車場舉行。喬．帕普邀請了加州理工學院以及 TRW、洛克希德、道格拉斯、諾斯羅普、北美和波音等多家當地公司的頂尖技術人員參加。一群人圍著他，他往油箱裡倒水，啟動了馬達。當他的發動機運轉時，有一根電線連接到各種記錄試運行的儀器。

加州理工學院的理查德．費曼（Richard Feynman）教授喊道：「你是正在用電運行。」並試圖拔掉電源線。

喬與他扭打了一下，喊道：「這只是為儀器供電，如果拉掉電源線，發動機無法同步運作。」理查德無視於這樣的警告，電線扯動後，發動機爆炸，一名現場觀看的工程師因此喪命。氫氣是一種非常危險的氣體！

儘管如此，TRW 還是對帕普印象深刻，並聘請帕普進行為期十九個月、範圍非常廣泛的發動機動力開發和測試計劃。採用這種水發動機，TRW 實驗室使用標準發動機測試規範，對所有類型的內燃機進行評估。我參與了整個計劃，在該計劃中我們考慮了所有想像得到的每一種車輛推進方式：鐵路、航運、卡車運輸、工業和發電。測試獲得突破性的成功，該產品似乎是開發過最偉大的產品，主要在克服能源使用上，對石油的依賴。該系統另一個偉大的優勢是屏除了燃燒化石燃料所造成的空氣污染。一舉兩得！

我與吉姆．莫頓工作的三年間，莫頓任命我為所有新 TRW 喬．帕普公司的計畫主持人。

某個週一早上，我打開了計劃資助報告，我們稱之為「電腦綠表」。這些是所有 TRW 實驗室的財務報告。我發現我二十頁的 JP 計劃上，預算都是零元。我很震驚，立刻打電話給我的老闆，了解事情原委。他說：「去白塔頂樓（TRW 管理辦公室）找總裁談。」我很生氣地問他，「這到底是怎麼回事？」他說喬．帕普推進系統與我們底特律石油公司有利益衝突，而很顯然地，他們是 TRW 公司的大股東。

這些 JP 計劃實際都沒有進入到市場，因為董事會說這會與石油公司有利益衝突。TRW 的成立是為了調查所有與石油使用有任何衝突的先進電力系統。TRW 聘請了最有能力的技術科學家來審查所有不需要天然氣或石油運行的電力系統。接著，他們盡可能地研究、開發、建造、測試和操作這些系統。對於確實有效的系統，他們會停止投注研究資金並對系統的所有文件進行銷毀，這樣任何組織都無法構建這些系統。事實上，因為如果這些系統投入生產，這些系統就會取代這個星球上所有的加油站。

TRW 開發了五個程序，在帕普的「水引擎」上花費了三年時間並投資了無數的資金，這事實有力地證明著該系統確實有效。經典物理學表示，從水中產生氫氣所需的能量，多於燃燒產生氣體所回收的能量。理論上，1.23 伏直流電壓即可將水分子分解為氫和氧。然而，仍有些問題會降低這種稱為電解的系統效率。

這過程正在不同的實驗室進行研究，可能會有突破，使這個系統在經濟效益上變得可行。顯然，TRW 要找一種方法，以比當前物理學所需的能量還少的能量，將水分解成氫和氧，他們要找一種方法來提高燃燒氫產生的能量輸出。有些催化劑如鉑，將促進水分子的分裂，並可能顯著降低產生氫氣所需的能量。此外，也有些過程可能會增加最終燃燒的能量輸出。在各種情況下，TRW 似乎已經找到一種符合經濟效益能實施帕普水發動機的方法，當今應該活化這方法以減少化石燃料的使用，也減少隨之而來的空氣污染。

正如TRW安全總監所說，自二戰以來，TRW已經設計、建造並連續測試了將近五十個不需依賴石油或天然氣的發電系統。在JP引擎計劃的二十六個月測試期間，我有幾次靈光一閃、像是有人突然丟訊息進入我腦袋裡一樣，讓我明白即使某些測試證明是成功的，但還是會有人破壞、並停止整個計劃。這清楚地表明了國際彼爾德伯格（Bilderberger）、三邊委員會（Trilateral Commission）以及兄弟會（Brotherhood）獨裁控制的影響。任何與其計劃相衝突的系統都將被停止。

在喬．帕普雨舞進入尾聲之際，計劃總監莫頓博士辭職。我曾經負責管理能源計劃，近三年大部分的時間都在進行研究和測試。當我們確定能源系統確實有效時，我們提議了五家新公司來量產。最後因為牽涉到石油公司的利益，TRW停止了所有資金的投注。

許多技術上稱職的管理科學家和我從TRW辭職的原因，是因為所有喬．帕普引擎系統都被不合理地取消。這些都與TRW底特律公司的石油計劃相衝突。

接著發生了一些非常奇怪的事情，這就是外星人計劃再次涉略的地方。幾週後，我非常熟悉的莫頓博士打電話給我，邀請我周五晚上去他位於橘縣（Orange County）的家中。我答應了、決定造訪他在紐波特海灘（Newport Beach）的新公寓。他帶著我進入他的「銀河系」——他的太空館。當我走進公寓時，所有的一切就如同我們乘坐太空船飛向太空一樣。整個公寓內被立式玻璃佔據著，就連七英尺高的枝形吊燈都是垂直切割玻璃。讓我開心的是，那身材高挑、金髮藍眼的女士，穿著室內拖、和我見過最小的銀色比基尼與丁字褲走進客廳。她端著三杯酒說：「我是斯蒂芬妮……來杯馬提尼嗎？」不用說，這是一個非常美好的夜晚。

8.2 地面交通系統的歷史是什麼？

讓我們回到連接加州到紐約的高速地面交通系統。我知道我們在高速列車這議題似乎花了很多時間，但在這裡是要說明取消高速客運列車、以及美國有軌電車的災難性影響。透過石油公司、三邊委員會和歐洲同行（像是老彼爾德伯格、Bilderbergers）之間的聯繫，許多歐洲國家的有軌電車發展也被摧毀。然而，其他國家和城市的有軌電車軌道摧毀比例，僅占了美國和加拿大被破壞的百分之十五。正如我們之前所說，TRW 由所有這些通常不相互交流的小型個體智囊團組成。就高速客運列車而言，有七個實驗室正在研究 HSGT 的不同配置—高速地面運輸（High-Speed Ground Transportation）。該文件的封面如下所示，概述著一些相互關聯的工程項目：

- 履帶式氣墊車
- 滾動支撐系統
- 管道車系統
- 多模式系統
- 自動列車系統
- 自動化公路系統。

這份報告（其封面如附圖）總結突顯了迄今為止，在高速地面運輸計劃中持續獲得的技術進步。

這項系統工程研究是為了應付全國交通問題。在該

這份長達四十四頁的 TRW 高速地面運輸文件清楚的利用參數描寫世界各地的子彈列車。

問題中，人體循環系統晚期的病例、與燃油車排放的廢氣污染有關。如果什麼都不做，病人就算可能會活下來，但狀況也會很虛弱。

這種情況是由人口增長爆炸和經濟增長導致交通量增加所造成的。對於交通規劃者來說，問題是需要提供可接受的高速和密集式的交通替代方案。如果這無法完成，美國最終將被推回到黑暗時代。

儘管我們的研究已經建立了包括噴氣發動機和電磁推進系統在內的六種主要高速地面運輸方法，但其中哪一種最具成本效益？二戰期間從「基層」開始，石油公司最大限度地減少鐵路交通。這裡的「基層」是指有軌電車系統，以及最重要的、連接到他們公司的南太平洋鐵路列車系統。內燃機使用了最多的石油，所以為了提高最大限度的利潤，必須去除、或減少所有其他動力系統。甚至更有效率利用石油的系統，比如說鐵路，也將慢慢減少，或最終遭到淘汰。

二戰停戰後的五個月內，石油公司解雇了所有清潔有軌電車的維護人員；他們還解雇了百分之九十的機械師，和百分之七十四的汽車司機和售票員。這導致整個南加州太平洋電動有軌電車系統陷入混亂，也導致整個南加州有數百輛有軌電車發生故障。全州各地的公眾都因交通擁堵而停滯不前，上下班的通勤成了一場噩夢。洛杉磯時報（也由石油卡特爾〔oil cartel〕控制）參與其中，並不斷在頭版報導街道中那些故障的髒車，堵在街頭影響交通。

石油公司的人員蹂躪著街道上的軌道，並在所有有「通行權」的道路上再鋪平軌道。他們沿著有軌電車的「通行道」建造了數百座出租建築物，讓日後無法更換軌道。石油公司已經在加州遊說建設一個大規模的新高速公路計劃。當然，公路不是免費使用，這會因此提高州稅。最後的這兩項原因導致所有加州有軌電車系統遭到拆除。美國其他百分之六十至八十的城鎮，和歐洲國家中約有百分之十八的城市也受到影響。石油公司貪婪的技巧非常成功。他們還試圖通過購買鐵路、拆除全國各地的蒸汽和柴油火車的軌道，並使它們破產，特別是貨運線路。旅客列車的引擎和車廂，也由於鐵路設施有限，而年久失修。這是解僱機械師和操作員導致的後果。在不到三年的時間裡，美國百分之七十四的旅客列車消失了。為了促進公車出行，石油公司降低了城際公車系統（灰狗巴士）的建設成本，並安裝了新的現代清潔設備。

TRW 高速地面交通系統研究，是美國第二十項開發高速乘客和貨運列車的工程研究，因此我們成為第二十一名。在 TRW 有軌電車和高速電車系統廣泛地工程化後，他們不在美國使用，但由政府出售給法國和日本。眾所周知，只要造訪過那些國家的人，他們的鐵路系統都非常棒。連接兩國的英吉利海峽下的倫敦至巴黎路線即採用 TRW 設計，全天候營運。日本的高速子彈頭列車也是用 TRW 設計來做小改動；百分之九十的工程設計還是以 TRW 為主。然而，可喜的是，直到今天遍布美國和加拿大的每個城市和城鎮，在一八九〇年時有軌電車已經更換成二戰後的軌道了。

加州歐中賽德埃斯孔迪多（Oceanside-Escondido）的子彈頭輕軌系統是有趣的非電動火車計劃之一。它於一九七一年開始規劃，但最終直到二〇〇七年才獲得建造的所有許可權。石油公司已經遊說反對該計畫長達26年。一九七一年選民同意建設後，兩個城市出錢以建設該系統。這目前仍在營運，每天乘載數以千計的商業客和大學生。這條繁忙的通勤旅線讓高速公路上那些擁擠、會污染空氣的車流量大大減少。我於一九六九年在 TRW 設計了時尚的藍白色輕軌子彈頭列車系統。目前，這些先進的列車系統中只有兩組在美國運行，它們都是在 TRW 設計並在德國製造的。但是貪婪的石油公司透過在推廣耗油的公車和汽車，取代了高效的火車和有軌電車，成功地控制了加州的地面大眾運輸。大石油時代又贏了！

一八五八年，幾乎每個城市都有在鐵軌上運行的馬拉車。這持續了15年，後來被蒸汽機列車取代。在使用電力運行有軌電車之前，是由燃煤蒸汽機牽引著有軌電車。汽車交通從來不構成問題。法蘭克・斯普拉格（Frank J. Spesprague、1857-1934）發明了電動有軌電車的驅動機制；他們稱之為「電車時代」——每個國家因此都有有軌電車，因而不需要汽車了。但底特律得到了石油公司的支持，並且由他們為所有十一家主要汽車製造公司提供資金。有軌電車的電力非常便宜，即使在一九三〇年代，乘客乘坐有軌電車從加州帕薩迪納（Pasadena, CA）到加州聖莫尼卡（Santa Monica, CA）只要一毛錢。多年來，從有軌電車運營之初，全世界的城市軌道系統就變得非常有效率。設備、維護和安全等都有爆炸式的進步。但二戰後，因為大石油時代，幾乎所有都滅絕了。

現在是早上七點，我在四四〇〇實驗室喝了一杯熱咖啡。關上會議室的門後，我問塔拉，「今天早上誰來了？」

「比爾寶貝，所有智庫裡的重要人物都來了。」

「蒂芙尼呢？好的，我們在等待的時候還不需要她。你們都知道部門之間有機密等級，不應該與其他實驗室部門交談。」

「是的，比爾，我們都知道。」史蒂夫・羅傑斯（Steve Rogers）博士說。

史蒂夫的行政助理塔拉插話說：「我們應該調查高鐵列車，我們與交通部簽訂了一份聯邦合約，用於設計州際高速客運列車系統。」

史蒂夫說：「是的，高速旅客列車——這就是我們來這裡的目的。一個月來，您、克里斯和我一直在為高速州際客運列車設計基本的使命宣言。這就是最初任務的目的；克里斯和我，我猜你也是，比爾，我們都在為解決城際高速列車的問題背書。」

在史蒂夫繼續說之前，克里斯插話道，「好吧，更重要的還是要解決輕軌（有軌電車）系統的問題。」

「好的，各位，我明白了。」

「而且我們都意識到羅斯科．埃利奧特將軍的空軍基地擁有自己的地下列車系統。他的隧道從五角大樓一直延伸到愛德華茲空軍基地，然後通往我們位於范登堡的太空發射中心。他們也有磁浮軌道。」

蒂芙尼探出頭來說：「你們不要忘記外星人廣布在全球的高速子彈列車。如果卡森海軍上將在沙斯塔山城向我們展示的內容屬實，那麼這輛位於地下一英里處的火車，就會在這個該死的星球上運行。伙伴們，它也在磁浮軌道上。」

塔拉道：「是的，蒂芙尼，他們的地下城市有有軌電車，他們的電力不需要架空電線。」

「你們看到的是五個系統，而實際上是六個系統，甚至可能是七個系統，因為市中心的系統將像今天的鐵路一樣運送貨物。是的，是七個，因為格雷和爬蟲人的隧道都建有一五〇英尺的直徑，所以它們也可以運送貨物。好的，各位，我們一致定調我們正在談論的是七個系統，也就是客運以及貨運系統。這些系統都以歐洲和美國的鐵路為基礎，與一八九〇的馬拉車時代一起開始。我們現在更進一步的了解，我們正努力確定我們是如何到達這裡的。你們大多數人都太年輕了，不記得南太平洋鐵路橫越全國的蒸汽火車。這些都有得到位於洛杉磯聖費爾南多谷（San Fernando Valley）的太平洋電力公司支持。洛杉磯縣是地球上最大的有軌電車；比歐洲的任何鐵路系統都要大，或者就此而言，可以說比任何地方的任何其他城市都要大。它從洛杉磯穿過好萊塢大道一直到聖莫尼卡。聖費爾南多谷（San Fernando Valley）和帕薩迪納（Pasadena）的每個人都可以在夏天乘坐有軌電車到聖莫尼卡海灘。事實上，在二戰之前，該電車系統甚至延伸到了長灘。」

蒂芙尼插嘴說：「比爾，在我們回到你那五個熱門城際鐵路系統配置之前，讓我們再看看城市鐵路。」我回答說：「你們忽略了上個月在我的簡報中提到的模擬工作。早在一八五〇年代，馬車已經在紐約市百老匯滿街跑了。」

8.3 石油集團如何再次獲得勝利？

TRW 的五五二三計劃是高速地面運輸、客運、貨運列車系統研究（High-Speed Ground Transportation, Passenger/Freight Train System Studies, HSGT）。一八六九年，第一條主要建成的火車路線為海岸到海岸、州到州，其中包括兩個主要的人口中心：即東北走廊和西部的加州。該計劃造就了有史以來最全面的地面交通研究。該研究還包括早些年逐步淘汰的電動有軌電車系統。

經過三十年的瀕臨滅絕危機，在現有修改貨運鐵路系統上運行的非電動、低速子彈頭列車又再度建造起來。二〇〇八年，儘管該計畫早在一九七九年就獲得了批准，但該系統的一個實驗展示區最終還是在前文提到的聖地亞哥縣歐申賽德（Oceanside）和埃斯孔迪多（Escondido）之間的南加州服務站區落成。石油集團與該計畫鬥爭了整整二十九年，因為火車比汽車更有效率並且消耗的油更少。有軌電車和輕軌現在正沿著其舊系統於一八九〇年運行的路線上重建，二戰後幾乎所有這些系統都被石油集團收購。他們讓舊有的軌電車運輸公司破產，例如洛杉磯的太平洋電力系統、毀了他們的軌道，並在舊有軌電車的通行權上建造了商業大樓和租賃建築物。之後，如果想讓公眾投票要求重建所有舊系統，那將是不可能的，因為「通行權」已不復存在。石油公司為進一步防止有軌電車恢復營運，將舊有軌電車賣給了世界其他地方的城市。汽油再次戰勝電力，石油集團贏得能源之戰。

我以有限的能力參與了 TRW 洛杉磯縣的快捷交通系統研究。在對大規模的南加州「Megaflop」進行廣泛研究後，大約在十五種配置中最後被縮減為一種。這個巨大的雙軌計劃模仿了舊太平洋電動鐵路的有軌電車系統，以模仿的程度推測這可能建於一九〇〇年，當時亨廷頓創建了世界上最偉大的電動有軌電車帝國。我們在之前的工程組織的內幕中了解到，TRW 是提交給大油控洛杉磯監事會的第二十七項提案。在一九九〇年代後期，新系統只建了幾英里。我意識到現在大家可能不太關心那些跑遍美麗南加州的大型紅色有軌電車，但我卻很關心。

再跟大家分享另一個由石油集團造成的悲傷故事。一九四六年，石油集團開始收購美國各地的有軌電車公司，到一九五〇年幾乎所有的有軌電車公司都消失。他們的做法是解雇了大部分使汽車保持一塵不染的汽車司機、售票員、機械師和清潔工。這將導致大紅色有軌電車在街道和十字路口中易發生大規模的故障，使得整個洛杉磯和南加州的交通擁堵。同樣由石油集團控制的《洛杉磯時報》也參與這計謀，並不斷在頭版報導街道中間骯髒、破舊的有軌電車阻塞交通的照片。

主要走廊的高速客運系統研究因海岸到海岸、州到州和市到市的路線不同而有差異。這包括電動有軌電車系統，和在現有或改裝後運行的短走廊非電動低速子彈頭列車貨運鐵路系統。有軌電車和輕軌現在正與一八九〇年舊系統運行的類似路線上重建著。所有這些工程都在二戰後被石油集團收購，接著他們就破產，拆除了軌道並在路線上建造了商業建築。然後他們再將車賣到了世界各地的城市，其中許多賣到了南美洲。

第⑨章 TRW——一目十行也讀不完的外星種族知識

在道格拉斯的智囊團裡，每年我們都認為我們已經對幽浮一清二楚了，但每隔幾個月後，就會有更多關於外星人的數據被揭露，導致我們發現大部分推論基礎都是不正確的。

我們最初只知道幾種不同種類的外星人，比如可能有兩種類型的灰人。後來事實證明，我們發現有十一種的灰人，而各個種類都有不同的任務和目的。所以，在TRW我把這一切都當成了新事物；保持開放的心態，這也影響了我的同事以類似的方式評估數據。我們雖不是很確定，但似乎有一百多個不同的外星文明在監視我們。對比起這些外星人，我們似乎成了在羅馬鬥獸場中逃避獅子追逐的那些人，成千上萬的觀眾看著我們試圖過著正常的生活，但卻不斷受到他們的干擾，破壞了我們一切的和諧生活。

我的行政助理蒂芙尼，已經不屬於我的實驗室。她是一個獨立的個體，曾參與過其他幾項計畫。為了支持所謂的傳統計劃，我的實驗室新添了一些秘書助理。史蒂夫·羅傑斯博士也有一位行政助理，但他的實驗室管理層完全不認識這位助理。我懷疑她也是北歐人。這種在TRW劃分組織中的人員配置，可能比我意識到的更常見。

就像在諾斯羅普（Northrop）一樣，多年來我一直堅信他們——北歐人、灰人和爬蟲類外星人——擁有各自的高空星艦，能夠看到和聽到我們正在做的一切事情。而且他們也可以通過激活思想，向我們投射他們的意圖，對我們發送思想訊息。

後來，我意識到我的技術成就不全是我的；我必須在我不知情或不暴露消息來源的情況下滿足他們的目標、需求或任務。他們會向我發送一則思想信息，以創建一個概念，來完成任何對於威脅、任務或系統上的解決方案。這將是與合約規範完全不同的方式，為他們的計劃提供成功的方法。我似乎已經收到了這些訊息，讓我感到有必須完成這件事的急迫動力，並按照他們的想法訊息，我將全力以赴。

身為 TRW 中的領導者，我正在構思先進的技術，試圖建立一個系統工程概念，以了解所有造訪和威脅我們星球的外星種族。相信肯定有一百多個物種，其中有些來自其他星系；他們正在擾亂、對抗或可能徹底控制人類參與的每一項活動。要落實這理解的過程是一項重大任務，因為以前從未有人這樣嘗試過。首先，我為我們所知道的每種外星人類型建立了名稱和編號；然後再過濾掉那些外觀相似的外星人，並紀錄了目擊他們的地點和他們在那裡出現的次數。我接著列出一些任務，主要是為我們的科學家和工程師提供足夠的數據，來分析每一種瘋狂的狀況，這些窘況都是我們被迫得接受為事實的。為了完成這項任務，我利用了程序管理系統開發流程，這是我在阿波羅任務計劃中成功使用的方塊流程圖；有四個主要階段：概念階段、定義階段、獲取階段和操作階段。這計劃整合了眾多必要的元素，以突顯外星人的目擊條件和出現的次數。例如，灰外星人似乎比其他外星人更頻繁地出現。

TRW是個龐大的智囊團，其中分為一百七十多個特殊實驗室。在某種程度上，這些單位代表著眾多深空和銀河計劃的個別研究公司或大學。光是負責生物戰就有二十多個實驗室，而研究不同外星生物的生物學是知識研究的一個巨大分支。

我們暫時離題一下，談談來自「外境」戴白帽和戴黑帽的其他眾生。不幸的是，現在知道我們被迫接受一個事實，即一些外星人是好人，但其中許多是非常壞的人。觀察者用遙視技術所看到的不是已經在我們星球上搗蛋億萬年的當地爬蟲人或灰外星人，他們反而是來自另一個星系的大型海軍宇宙飛船，正在執行（據稱）進入我們銀河系臂部的探索任務。這艘外星母艦長達二十多公里，內外出乎意料的骯髒，飛船上肯定缺少看門人清潔。

史蒂夫博士（Steve Rogers）和塔拉（Tara）都是北歐人，我在TRW時和他們一起工作了很多年。當時在四〇五一實驗室設計海軍航空母艦及其任務時，我還在做其他研究，將大型外星雪茄形飛船與我們早期的海軍飛船操作進行比較。我對支援飛船及其起飛和著陸操作機制非常感興趣。很幸運地，在TRW我們的秘密外星人檔案中，我們擁有大量由高素質軍事人員和平民所目擊到對外星人星艦的描述，這些檔案可供我們研究員使用。外星母艦只是派出較小的偵察艇，執行當地任務，以調查我們的秘密軍事設施及其防禦和報復能力。當較小的飛船離開母艦時，艙口似乎沒有打開；它直接從大船金屬船體的一側出去。返回的飛船也被發現以同樣的方式進入母艙：沒有任何門或艙口打開。我們還保有一部來自F-14海軍航母戰鬥機的三十五毫米底片，呈現了這些相同的奇特動作。

顯然，飛船的結構設計要不是專門為較小的飛行器進入或離開母艙而設的，就是為了讓較小的飛船可以在需要時發出信號給載體的外圍出入口，以備不時之需。因此，我們也必須在這項技術上趕上外星人。

「比爾，你有沒有在新墨西哥州的海軍基地得到那些灰人的訊息？」

「蒂芙尼，這在『海軍太空，高級食品加工』下的六七三四文件中有提到。基本上，文件中說某種灰人已經在新墨西哥州的地下生活了億萬年，他們以人的血肉為食。這說法真可怕。沃克海軍上將（Admiral Walker）的人一直在嘗試為他們開發一種替代食品，讓他們可以不吃人，又不會生病。」

「那他們真的吃了人肉嗎？」

「是的，所以請遠離他們的洞穴，我的美女。」

希望沃克海軍上將的研究能成功。

我們在日出前向西行駛 39000 英尺。

「克里斯，看看那些明亮的星星。」我說。我再次為我的小女人蒂芙尼可能來自「外境」的事實而感到興奮。星期六早晨，在天尚未亮的洛杉磯國際機場進行了簡略的著陸後，我們拿起行李直接上路前往 TRW。我和克里斯，開著他的寶馬車。

「克里斯，我突然想到，有件很難理解的事是我們所接觸的所有外來物種中，只有北歐人是唯一能幫助我們的。」

「的確。」克里斯同意，「一些大眼睛的外星人不能信任，智庫裡其他皮膚更黑的外星人類型，個個也都沒有履行他們的承諾。當然，他們不像黑帽爬行動物那麼糟糕，但『其他人』也根本不可信。天阿，在我們發現自己身處在這個複雜又危險的境況中；那些爬蟲永遠不會善罷干休、停止破壞我們的計畫。」

「蒂芙尼和塔拉一直在討論這件事。」

「克里斯，你說對了。那兩個女孩把我從地球上拉出來，然後再把我扔到銀河系的另一端。」

「我也是，比爾，這情景就像幻燈片快速閃過一樣。七七九二異地實驗室正在研究大型蜥蜴和鱷魚，以試圖了解這些外星人經常呈現的尖銳頭部、身體抽搐以及身體扭曲的狀況。這看起來像是典型爬蟲類具有的生澀動作，研究員甚至正在研究牠們的繁殖和生育功能——包含有卵跟無卵的。」

9.1 外星知識的涉略

在TRW，人們開始了解爬蟲類威脅的嚴重程度。現在看來，外星人已經參與我們地球人的技術開發很久了。他們來這裡，是因為他們純粹對我們在公元前五千至兩千年的緩慢進步感興趣，抑或是好奇我們還在久遠的黑暗時代？他們的意圖是什麼？他們是純粹來看看周日下午海灘上的女孩，還是他們有詐謀？一方面來幫助我們提高技術，一方面同時愚弄我們的大腦、並將我們變成奴隸？

我在每週的雨舞中報告了我們小組所參與的任務。在研究不同外星人的計畫期間，我們非常著迷的一個有趣物種是，幾千年前畫在埃及金字塔牆上的男、女性美人魚。這對我來說並不陌生，因為我的叔叔哈丁博士是聖莫尼卡醫院的首席外科醫生，他有一種極高的天份來破譯埃及象形文字，並確定真正建造金字塔的人。他多次前往埃及，帶回數百件文物供研究。我年輕的時候，家人和他們住在離聖莫尼卡海灘四個街區的大房子裡。他們的家中擺滿了數百件埃及文物和照片。照片有狗頭埃及男人和帶有女人頭和手臂的魚，金字塔的牆壁上到處都是這種生物，與長得像海豹的動物一起游泳的畫作。

我一直對歷史文獻中記載的半人半狗的報告感興趣。所以，在八二〇三對不同外來物種的研究中，我問：「有沒有可能是某個外星文明嘗試將狗頭和男人的身體結合起來，或者將女人的頭和上半身結合到魚身上？」

「有，有這可能。」塔拉證實我的猜測。「順帶一提，在過去的七個月裡，比爾因為一直沉迷於此事，而忽略了我。」

「塔拉，你又把事情搞偏了。到今天凌晨四點，我們用盡了各種不同的方法，才把這件事情敲定。」

對面房的辛迪喊道：「敲定什麼？而且為什麼所有的敲定過程都以『俯臥的姿勢』進行？而且真的有必要脫掉所有衣服嗎？」

「好的，辛迪，你讓塔拉又有機可趁了。」

塔拉笑著繼續說：「我們現在正把要處理的事情放在一起整合中。」

辛迪仍然很生氣的說：「好吧！你的意思是比爾辦到了，」

我接著道：「美人魚是裸體的女孩，有著美麗的臉龐、乳房、細腰、可愛的豐臀。他們用魚尾代替長長的腿和腳。與恐龍不同的是，美人魚可能是直到最近幾年才滅絕。但是幾千年來，漁民不斷從各個海域中打撈出美人魚。目前已經發現有女性頭骨、頸部和肩膀骨頭，以及完整的胸部和背部椎骨的骨骼。他們有正常的髖骨和突出的臀部。美人魚身體其他部位有靈活的長腿，包覆在一條魚的下半身。對於沒有頭髮的人，他們的頭骨頂部有一個一英寸高的鰭，從前額一直延伸到頭骨的下背部。非常有趣的是，有些灰色外星人頭上的鰭與這結構完全相同。最近，有人看到美人魚在清澈的熱帶水域與海豚一起游泳。她們是非常漂亮的女孩，有著飄逸與腰齊的長髮，豐滿但很小的乳房，還有肚臍和長魚尾尾巴的纖細腰身。

「簡直太美了。」我說。「現在的雄性人魚長得很像人類，但他們的頭上沒有頭髮也沒有耳朵，只是眼睛上方有一個小孔，用於聽覺作用。他們的臉部肌肉顯得更加發達，肩膀寬闊，胸膛沉重；手臂的肌肉發達，手上有蹼。他們似乎能和海豚和鯨魚順利的溝通，詞彙量很大。數百根骨頭製成的長矛被發現後，推測可能用於尋找食物和保護家人之用。長矛可能是用來殺死鯊魚和虎鯨等掠食動物。」

「有趣的是，二〇〇四年，一群鯨魚和海豚在西雅圖以南的華盛頓海岸擱淺；在他們旁邊竟是一條活的雄性「美人魚」，或者確切的說——一條「帥人魚」。當時有兩個男孩在現場，他們用手機拍下了當時的影像；人魚正躺在一頭死鯨附近的沙灘上。當男孩們在他身邊用一根棍子戳身體時，人魚用雙臂和帶蹼的手將他自己的身體向上推；然後頭向後猛地一縮，張開大嘴，對著男孩們大聲喊叫。海軍來了之後，把人魚帶到基地，在那裡待了兩年。」

辛迪打斷道：「在鯨魚遷徙期間，我們從 TRW 開車僅六個街區的距離到海灘，可以看到美人魚在鯨魚旁游泳，這也很有趣。而在二〇〇四年中連續有三個星期，幾乎世界上所有靠海岸線的國家都有數十個美人魚家庭和海豚擱淺。」

我必須問，「外星人和這種事情有關聯嗎？」

辛迪說：「會議一切都安排好了。你、克里斯和我將於週五早上九點在聖佩德羅港（San Pedro）的公司碼頭與戴夫・克羅威爾（Dave Crowell）碰面。戴夫將斯旺森（Swanson）的研究船留給我們做白天尋找美人魚用。這樣如何，比爾？」

「好，辛迪，博士會在船上與我們碰面。他有一部六分鐘、三十五毫米膠片的彩色底面，拍攝了幾條美人魚；這影片上個月在哥斯大黎加（Costa Rica）被撤下。博士希望我們在推廣之前對其進行審查。此外，他們還有聖克萊門特島（San Clemente Island）太平洋一側的潛水報告。潛水員在相當清澈的水中和一小群美人魚有所連結，其中一名潛水員弗雷德・貝克（Fred Baker）參與了海豚訓練，他在距離不到二十英尺的地方遇到兩隻美人魚；他稱她們為『美麗的女孩』。他說那個高個子女孩傻笑著看著他，然後慢慢地繞著他游來游去，一直微笑著。」

我們再次回到五四九六實驗室。爬蟲人對我們研究其他生物有極其重要的幫助，我們被迫接受他們在 TRW 工作。爬蟲人也在這裡嗎？

吃完午飯回來，戴夫・帕克狠狠地打了克里斯和我，「該死，克里斯，你和湯普金斯，一提到這話題就一直躲著我們。」

「等等，戴夫。」我打斷道。

戴夫繼續說：「我們都知道，TRW 有數十名外星人正在執行他們的數百項計畫。而且，還在我們的身上動手腳；取出我們的器官並將我們某些人克隆成不同的身份。沒有人會提這件事，但是七二八九那邊的那兩個技術人員已經擅離職守三個多月了。」

「戴夫，他們不是擅離職守。他們的內臟可能被切除了，在外星人眼中他們只是少了一些可以工作的人。」

辛迪插嘴問：「這事怎麼說？」

克里斯接著喊道：「你說得好像外星人在 TRW 的異地實驗室裡，解剖了他們的屍體，甚至不花時間就能把那些人拖到他們停在軌道上的船上。」

「好吧！克里斯托弗先生。」蒂芙尼繼續說道：「對於你所知甚少的大腦來說，資訊量確實有點龐大。就在我們說話的片刻，外星人正蜂擁而至 TRW，他們並非隱形；他們只是在玩弄我們的大腦，所以我們看不到他們。現在，因為你大腦的等級低，他們很容易欺騙你。你想想，數千年來，成群的外星物種一直到地球來玩弄你的 DNA，玩弄我們的身體。別忘了他們總是在玩弄我們的大腦，耍各種把戲。」

「你怎麼知道是這麼一回事？」我問。

「辛迪，我們都知道，但這與其他外星人把我們的生活搞得更糟糕有什麼不同？」我問

「等等，你們似乎認為北歐人不是外星人。」克里斯補充道。

蒂芙尼頭微抬，鼻子指向月亮說說：「我從沒想過七二五〇實驗室中，那些帥氣的傢伙是來自其他星球。」

「等等，蒂芙尼。」我插話道。「我們正試圖想了解為什麼在這裡的『那群人』幾乎參與了我們在 TRW 的每項計畫。」

話題再度岔開。外面一位名叫凱利突然地說。

「北歐人喜歡調情，還記得哥斯大黎加和哥倫比亞的恩里卡斯（Enricas）嗎？他一生中大部分的時間都與那些北歐英俊的帥哥一起度過，這些帥哥在整個南美洲傳播外星人存在的訊息。他到處傳佈外星人的事蹟，所到之處的每個城市後來都有未來主義的建築；隨處都有藝術品裝飾著。群眾跟著他和一些外星人到每個國家巡迴，甚至還到一些歐洲城市。」

「恩里卡斯是誰？」三人不約而同地問。

「海尼克博士（Allen．Hynek）、喬康利（Joe Conley）博士和一些資深研究幽浮的前輩，在這裡和南美洲與恩里卡斯有過幾次會面。在外星人的支持下，他是有機會乘坐北歐幽浮的。」

「他是在安第斯山脈斷水的那個人嗎？」戴夫問道。

「是的，戴夫。」我回答道。「他已經說服數百萬人相信，現在正是時候將這個星球上外星人的真相公諸於世：事實是，他想實現外星人的計劃，將地球上許多人轉移到北歐的星團。接著，大約在二〇〇三年，爬行動物再次入侵並將北歐人踢出地球；所以，我們現在又回到了黑暗時代。但是講到裝飾藝術，我們似乎不僅僅只受到那些人的影響而已，就連我能瞬間移至北歐的城市與移動至他們辦公室的能耐，也是受他們的影響吧？無論價值為何，他們的星球一切都極具未來感；沒有任何次級品。」

「嗯，比爾，你總是迷戀一切有現代感的事物，當然，這絕對包括裝飾藝術。所以，讓我們繼續影響這個星球，盡可能多用當代思維來運作。」蒂芙尼補充道。

9.2 秘密組織社團團體

七七八四實驗室在這裡的名聲並不好，因為那裡的研究涉及歷史上遍布整個星球的秘密組織，以及其在其他恆星上相對應的組織。今天早上的「壞蛋」會議只有七人。約翰・亞歷山大（編註：TRW 的前老闆，與美國陸軍退役的約翰・亞歷山大上校非同一個人）和保羅・沃克到外州出差。凱瑟琳・佩奇（Kathleen Page）穿著一件漂亮的藍色小禮服，協助緩和了當天所討論的瘋狂主題。喬治・韋德博士（George Wade）在保羅・沃克（Paul Walker）缺席的情況下，主持了這次的會議。

「我們從上週的議題開始吧。」克里斯說。

「你拿到 Nova 關於外星昆蟲威脅的文件了嗎？」喬治問凱西詹寧斯（Casey Jennings）。

「沒有，我的助理正在找。如果找到而且我們會議還在進行，她會把文件帶來。」

「哦。」凱西出聲，「六尺的黑螞蟻真噁心！一隻還好，但我們談論的是數百萬隻蜂擁而至。」

「今天早上我們的議題是，參與秘密組織的已知外星種族的數量。我們認為有三十到六十個；但目前確認的有二十個。」

「喬治，外星秘密組織目前正在地球上運作著，並影響著許多組織。」

「哪個影響力最大？」

「我們再次認為文件中所提到的爬蟲類所處的恆星系，正在利用秘密共濟會的技術。這些技術不僅來自控制中心和南極洲的洞穴，也來自他們的母星系統。這只是瞎攪和的二十幾種外來物種之一。（我認為父親秘密參與的角色是三十三級以上的共濟會成員，我叔叔哈丁也迷戀著那些圖坦卡蒙國王的秘密象形文字。他應該早已經是一名共濟會成員，在某種程度上可能影響著我的成就。）

說到這裡，我補充道：「然而，幾千年來，古老的歐洲貴族秘密組織對歐洲國家的每一個生活元素，都實行絕對控制。而且，我們很可能被這二十個外星人中的任何一個種族控制了。」我接著說：「貴族領袖包括國王、王后、王子和公主，甚至之前的羅馬人，都被秘密組織控制了。」

此刻在 TRW，有一道畫面再度閃過。我在三〇年代之前就有過這種經驗，但這次我到了銀河系中的一個恆星系，比半人馬座阿爾法星還要遠。畫面裡我看到幾張水晶般清晰的照片，照片中有顆行星正過著異常美好的一天。那裡的外星人正在調查宇宙中其他外星人的秘密組織。他們得出的結論是，有數以百萬計的外星生物為各種昆蟲、螃蟹或海洋生物的近親，並棲息在他們的星球上。

「哦，比爾，我也看過這樣的畫面。」克里斯補充道，他明白我的想法。

我能看到一隻怪物樣貌、十二英尺長的螳螂在另一個星球上漫遊，其中有些能夠管理控制其他類型種外星人的秘密組織。七尺寬、二十五英尺高的螳螂物種，能用心智控制其他動物。這集團控制了銀河系其中一條臂上的大約三十七顆恆星，而控制他們的秘密組織是爬蟲類幫派的成員。透過精神控制，讓地球人造成了恐懼。他們真正的意圖是什麼？」

TRW 五七八三歷史實驗室，就是在研究這精彩的議題。

我沿著日落大道向東行駛，在五六九六計劃中度過了一天地獄生活之後，晚上十點半開著我的銀色凱迪拉克，克里斯在後座，凱利半身坐在他大腿上，對我大喊著說。

「比爾，我昨晚做了個噩夢。」

蒂芙尼穿著迷你短裙就坐在我旁邊，左手放在我的右腿上，

「這到底是怎麼回事？」

「我當時在新墨西哥州那個洞穴的後面，其中一個小灰人正咬我的左腿，我無法阻止他。痛得要命，他還用鋒利的爪子把我壓在地上，準備撕裂我背上的肉。」

「親愛的，你知道嗎？」凱利問：「你和比爾昨晚吃了什麼？」

「不是這問題。是五十一區的那些海軍醫療人員來不及開發食物、停止讓新墨西哥的爬蟲動物吃我們。這就是他們仍吞噬人類血肉的真正原因。」

在伊迪絲・菲奧雷博士（Edith Fiore）《邂逅》（Encounter）這本書的結尾說：「我想知道醫學、技術和太空探索方面的一些現代發展，是否可以直接或間接歸功於我們太空朋友的貢獻。還記得心靈感應嗎？如果我們的科學家在研究和開發等方面能得到幫助，那不是很有趣嗎？」

上週在藥店，我遇到了兩位年輕女孩，其中一位比較高一些。（為什麼高的總是那麼吸引人？）是的，高的很典雅，二十七歲，專業是市場營銷。我告訴她我出書的事，並詢問她對書名的看法。她很感興趣。

她說：「比爾，書名必須要能夠吸引年輕女性；年輕女性買的書比我們多得多。書必須強調連結性。不僅僅是我，每個讀者都試圖要建立聯結。」（編註：後來，比爾選擇了《被外星人選中的科學家》（Selected by Extraterrestrials: My life in the top-secret world of UFOs, Think Tanks, and Nordic secretaries）作為他第一本書的書名。）

二〇〇六年二月一個異常美麗的早晨，我和康妮・羅伯茨（Connie Roberts）在加州聖地亞哥密申谷（Mission Valley）購物中心的巴諾書店（Barnes and Noble）喝著星巴克。我們是在審閱

《Taken》這部電影的劇本時認識的。康妮是聖地亞哥著名的國家軟體公司裡的金髮營銷經理。令我驚訝的是，這美女對外星人各個層面的議題都很了解。當時我正在進行即將出版的書，有一章重點就在關注外星人所產生巨大影響的潛在因素，不僅是航空航天發展的影響，針對他們在歷史上不斷挑起的戰爭等影響也是。

康妮用一句簡短的話拉回我的思緒，我大吃一驚。

「我妹妹被一隻鱷魚強姦了。」

我還來不及回話，她繼續說：

「她現在十九歲，第一次被強姦時她才十二歲。一直強姦她的外星人告訴她說，他是來自另一個星系的王子，所以妹妹稱他為王子。在那之後，他們斷斷續續地發生了不正當的關係。即使晚上在臥室裡，抑或是當她晚上開車回家的路上，她也被強迫駛離公路，直接在汽車的後座上做。」

康妮繼續說，起初妹妹很害怕，但後來她愛上了這外星人。

事件發生的兩年後，外星人告訴妹妹他將離開一段時間，這讓妹妹感到害怕，她想知道要離開多久。對方說是我們地球兩年的時間。她很傷心，但現在她只說他是她的情人。

我們現在面臨的是一個混血皇家爬行動物和人類的混合種，他們控制著我們銀河系中恆星附近行星的數量；這通常是透過彼此交戰來達到這目的。

「那也不是你的月亮，它甚至不是一顆堅固的行星；這球是空心的，是我們銀河系這區域裡的一個指揮中心。等等，這也不是你的星球。地球是他們的星球，已經有兩萬年了。『他們』是誰？地球是屬於天龍人的！」

「哦，鮑勃？你知道我們生活的這個星球只是一個大實驗室嗎？這是一個實驗室，供所有不同的外星種族完成他們的計畫。他們有不同的膚色和種類。這也是大時空下的一環。」

「現在是晚上七點。從早上六點開始，我們就一直在這辦公室工作。」

「現在我們可以回家了嗎？」克里夫問。

「好的，所以『他們』現在在這裡？」斯坦問道。

「他們已經在這裡好幾個星期了。」克里夫回答。

「我們怎麼知道誰是好人？她可能看起來像是一個白帽外星人、從一隻該死的爬蟲人變成一個北歐人罷了；又或者更糟糕的是，是一隻該死的螳螂。我們彼此初吻時，她會在我背上捅一刀嗎？」

「比爾，這種事情你過去從來沒有讓我們得逞過。」

蒂芙尼再次盤起腿說：「好吧，你們，我看得出今晚沒人要回家，這看比爾臉上的表情就知道。那個歐洲金髮美女，是克倫佩勒博士（Klemperer）一四四三年秘密維利爾協會（Vril Society）的首領。」

「誰跟你說的，蒂芙尼？」斯坦問：「不知為何，我們似乎不明白外星人限制了我們的智力。」

「比爾，你認為自己人氣太旺了，所以科斯特洛（Costello）大辦公室裡另一個導彈問題你還沒有解決。還記得那兩位空軍軍官嗎？我認為他們是便衣下士和導彈測試員，擔任愛德華茲空軍基地的顧問。」

「的確，辛迪，科斯特洛辦公室的一個女孩，蘇珊，向保全報告說，她看到高個子下士從他們的秘密檔案室出來。她說：『他不完全是人類』；她看到他臉上和手上有鱗片。保全回說算了；她應該是午餐吃太飽了。」

「的確，辛迪，這以前都發生過，保全都說這只是幻覺。」

「比爾，上週在紅獅的時候，我感覺到他們倆有些不對勁。你跟往常一樣又遲到了，在你到達之前就出事了。」

「你為什麼不告訴我？」

「我告訴過你，但因為你被六五九四實驗室那個婊子科琳所迷惑而忘了。我不明白你在她身上看到了什麼。天哪！她撲向每一個路過男人的態樣太明顯了！」

「我什麼都沒做。我只是看到兩個 A.F. 傢伙一直盯著科琳看。」

「對！就是那一天……真的，比爾，這情景無所遁形，保全完全沒辦法處理這情況；不要跟我說 TRW 擁有地球上最先進的安全機制。我們這裡有外星人，我們最好現在就把他們趕出去，否則我們真的會有麻煩。」

「哇，小姑娘，這是你這一季來最隆重的一次演講。所以，把這件事排在我們工作列表的首要事項。」

「無數的外星人很有可能已經控制了這個星球數千年。」

「我們知道。」克里斯補充道而繼續說，「我們手上有舊版且完整的五四四八行星列表。」

「克里斯，先給小組閱讀以徵求大家的意見。」我說。

「這沒有按順序，甚至也沒有按正確的時間排序。」我說道，「但這確實列出了所有我們知道的外星人控制地球人所做的事情：

1.在法律領域，他們制定了與其他法律結果相衝突的法律。
2.食物：他們汙染了我們的農場食物、牲畜、魚類和海洋。
3.篡改我們的歷史，燒毀我們的書籍。
4.控制我們的大腦，不讓我們開發我們剩餘95%的潛意識。
5.教育／學習：不良政治的教導；從幼兒園到大學的錯誤教育是具毀滅性的，因為這影響到全國各地。
6.通訊：控制所有書籍、廣播、電視，並讓出版公司停業。
7.金融：世界各國都受彼爾德伯格（Bilderberger）家族控制。
8.仇恨：不斷在我們的大腦中製造仇恨，我們因而啟動戰爭。
9.自由：摧毀美國憲法。
10.交通：我們每完成一件大事，他們就會製造動亂。
11.破壞愛情，美好自由的生活。
12.戰爭和死亡的創造者。
13.電影、宣傳。
14.如共濟會這樣的秘密控制組織
15.宗教：創造所有相互競爭的宗教，如穆斯林和古蘭經，要求不殺害人的人才能加入。
16.醫療：全部控制。
17.藥品：副作用大。每種藥物都有比藥物本身造成更大傷害的副作用，而殺害了所有年輕人。

18.綁架：雜交和大規模的銀河奴隸制。」

「天啊，這令人印象太深刻了，但我們需要增加第十九項。」

「生理學。」克里斯補充道。

我繼續說：「建立和公佈我們受外星人控制下的生活歷史是非常重要的。然而，更重要的是人類要能理解到持續戰爭、和黑暗時期延續至今那種令人難以置信的混亂狀態、以及我們祖先的生活、和我們當今仍身陷其中的生活。更重要的是，我們還必須建立不同外來物種迫使人類生存的可信標準和控制任務的特定類型。

「我們必須先記錄並公佈阿波羅登月計劃，這是迄今為止唯一公開離開地球的事件。認真來說，這是我們三萬年來第一次離開地球。（編註：比爾知道德國有一個秘密的火星任務，他們在一九四五年左右著陸墜毀。）令人難以置信。誰讓我們進入到這麼深遠的宇宙？我們違抗了他們的控制，而進入了他們的世界。

這太棒了，因為即使外星人阻止了我們在太陽系中所執行的行星任務，也阻止我們至十二個最近行星的計劃任務——半人馬座阿爾法星是第一個，這一切都無妨。爬蟲人在地球上創造了地獄的境況，這些魔獸幾千年來所施行的手段和目的極其可恨。」

「講得不錯，比爾，我給你三顆。但我們大多數人都已經知道那內容了。」蒂芙尼說，「但你遺漏了一個重量級的訊息——他們在眷養著我們。」

「沒錯，蒂芙尼。」克里斯同意道。

「他們也複製我們人類。我們必須停止接受他們所提供的說詞，並了解他們三萬年來對全人類所做的事情的真相。」

塔拉打斷道：「有些混蛋甚至在我們還活著的時候，從我們身上抽取器官。他們並不是來拯救地球的仁慈生物。」

「說得好，塔拉。」我補充道。

回到綁架實驗室的會議室裡，辛迪穿著四英寸的高跟鞋，第三次站起來。

「你們不知道嗎？你們都在談論我們和外星人之間的整體互動，一副他們要吃掉我們一樣；我們應該試著把這些外星人看作是有點不同的人類。」

好博士從講台上演講者手中把麥克風搶過來。「你又來了，辛迪小姐，又在輕描淡寫它們的意圖。看看這綁架報告，他們在我們還活著的時候，對我們操刀取出器官。比爾，你難道不能控制你的小部屬嗎？她總是要我們把這些奇怪的螳螂外星人想像成只是住在對街的野生鄰居。我們都知道他們有些人把我們活生生地吃了！」

「好吧，這位『什麼都知道』博士。我們明白遠在深空的一些人，比我們在地球上的這些人要好得多。比爾也去過那裡，不只是和我在一起，」辛迪補充道。

我手捏著耳朵，做出難以置信的姿態。「你又再做夢了，辛迪。你在星團三二〇的那顆行星上，也有同樣的夢——朱諾行星，跟拉斯維加斯很像的那顆星球。」

「我知道，比爾。那裡是個大部分時候都有老虎機可以打發時間的星球。」克里斯自告奮勇的說。

「說到維加斯，當我遙視瞄準維加斯時，我是不是能找到一種方法，通過知道正確的數字，以永久取得獲勝？」克里斯問道。

「好吧，克里斯托弗寶貝，你還沒有讀我書中的第七章。」蒂芙尼回答道。

「什麼書？比爾，你從來沒有告訴過我們的辛迪會寫作。」

走出門後我接著說：「克里斯，她能用自動拼寫機制。走吧！伙伴們，派對時間要到了。」

第⑩章
外星隧道——人類一定要了解的外星科技

基於兩個理由，地下外星基地對我們而言很重要。第一個是他們的建造方式，另一個是他們如何提供支持所需的所有能源。其中有些隧道已經在地球上的每個大陸上運行了無數年，這些隧道連接到許多國家內沒人知道的古老巨大洞穴。新建的外星隧道與二萬多年前建造的古老隧道不同，新隧道的直徑有一百五十英尺，由牆壁、天花板和地板發出的間接光照亮而有光線，不會有陰影。外星地下城鎮的電梯沒有電纜，以「自由能源」為動力；就如同沒有火車的城際外星人隧道系統，這些都以超高速穿過隧道。有些外星城市建在巨大的洞穴中，其中有些非常非常大。那裡的光線也很充足，並且以與水晶般排列的外星隧道相同的方式進行監控。

我們的空軍隧道挖掘機利用了外星人先進的隧道技術（直徑一五〇英尺），而外星人則是將他們鑽穿的所有岩石和材料原子化，將其轉化為光，所以不會有碎片。這是我們做不到的。與更大的外星隧道相比，空軍隧道的直徑只有四十英尺，同時部分真空有懸浮磁軌道和接近超音速運行的火車。（編註：在一九五〇年代，簡單的技術文章描述了建造這樣的隧道和火車是多麼容易。）

地球內部的狀況與我們地球物理學家所教我們的有很大的不同。地下洞穴往往比美國許多州都要大，同時具有類似地表的環境。有些大型工業城市擁有數不清的太空任務計劃。美國海軍在設計我們地下秘密軍事社區方面，有得到外星人的廣泛技術援助。例如，新墨西哥州道西（Dulce）的科學家，是由美國海軍和灰色爬行動物外星人共同管理。最近在他們實驗室完成的一項計劃是，開發人類血液的替代品，這對我們來說已經是數千年的問題了。兩種外星人只能靠人血生存，它們可以在動物血液中存活大約六天，但最終會在沒有人類血液補充的情況下死亡。道西主要是科學發展實驗室，開發並為這兩個外來物種提供替代血液。令人難以置信的是，全球外星地下實驗室正在進行六萬多個不同的高級研究計劃。（編註：我認為六萬可能是比爾誇大其詞。）

外星運輸車輛每天都在不同的中心之間穿梭，如道西、沙斯塔山（Mt. Shasta）、火星、金星、木星和土星的衛星，以及一些當地恆星的行星。了解許多其他外星人，例如類昆蟲類型，在整個銀河系的地底生活，以及長達數十萬年的壽命，這點非常重要。他們與灰外星人不同，灰外星人在不同的星球上，為像我們這樣的地球人提供服務。他們從過去到現在都在與天龍人（Draco）與蜥蜴人（Reptilians）交戰。

許多不同的物種都捲入了不同的戰爭，有點像一九三〇年代和四〇年代周日報紙上的「閃光高登」（Flash Gordon、當時的科幻漫畫）。令人難以相信在不同的地下層——20、30、40層——有數千個實驗室竟然致力於涉及各種類型的人類、外星人和動物雜交的研究；也正在創造新物種，試圖研發可以抵禦所有類型感染和疾病的品種。我們的表兄弟北歐人種不會像我們一樣患感冒或流感，這有助於解釋他們幾千年來的長壽現象。在道西的較低層，有被稱為「嵌合體」的生物，它們是人類和動物部分的生物組合。以下是這些實驗所造就的一些成果：馬身上有人頭和身體、人魚和美人魚——僅美人魚就有四十多種——從人類到大腳野人也有三百種巨人。有美麗的男人和女人、有不同數量的翅膀、人類蝙蝠和幾乎所有在中世紀時代報導過的生物，如石像鬼、侏儒、仙女、鬼魂、老虎人、六～八腿章魚人和數百種不同類型的昆蟲人。這些生物確實存在；他們都活著，而且與一起關在籠子裡。有些人晚上會尖叫，就像瘋了或吸毒似的。這些是外星實驗室正在完成的一些瘋狂行為，比如道西，但道西也是一個擁有廣播、電視、劇院和雜貨店等普通事物的城市。雖沒有汽車，但有超過三十種不同類型的載人交通工具，例如電動有軌電車。從沙斯塔山（Mt. Shasta）起始的隧道直接通往新墨西哥州的道西中心（Dulce Center）。道西從地底下一英里開始就有六十多層，沙斯塔山和道西自一九三〇年開始運營，並由外星人（有海軍支持的灰人和爬蟲人）控制著。

現在是二〇〇七年五月十五日凌晨3點45分。睡夢中，我和長著鸚鵡狀喙的外星人一起在巨大的地下隧道裡；他們沒有直接與我互動，但他們允許我杵在那城市外緣。他們正在改善他們的隧道，但外星人對於我在現場目睹他們如何改善隧道似乎有點不太高興。

還記得一九三〇年代時在好萊塢，我的表弟約翰．沃爾特漢登博士（Dr. John Walter Hande）、我哥哥和我在他家祖屋外面的後院泥土挖洞時，所見到的小柏特（Borts）嗎？（本書第一章提到）就像我之前說的，在他獲得地球物理學和天體物理學博士學位後，他到德州休斯頓的殼牌石油公司工作。約翰在大西洋大陸、太平洋和整個地球上挖了很多洞。並不是因為我們是親戚而我推崇他；但，他在地球上挖得洞越深，撿到的東西（岩石樣本）就比地球上其他任何人還要多。他的研究實際上很前衛，主要是了解地球構造板塊膨脹和收縮、持續運動、擠壓和膨脹的變化；這種與岩漿帶的牽連只是冰山一角。現在，你們所有的人都在學習地球的「骨架」。殼牌石油公司在地球上鑽了更多的洞以尋找黃金。不，實際上不是黃金；我指的是約翰研究所建議的新大量油坑。有些板塊覆蓋其他板塊，造成大量擠壓，後來，隨著壓力的減輕，形成了數千個像蜂窩一樣的大洞穴。在這個過程中，岩漿溫度升高，但隨著擠壓作用的釋放，出現更多充滿空氣的洞穴。是的沒錯，恐龍一直在尖叫著，因為所有這些熱氣和壓力正在將它們變成石油。有天晚上，約翰從家裡打電話給我，說他會在洛杉磯的加州理工學院發表一篇論文。跟往常一樣，我邀請他留在我們位於北嶺的家中，以便我們可以深談。第二天晚上我在洛杉磯國際機場接約翰，在開車回家的路上，約翰用一種奇怪的聲音問：「比爾，TRW 在地下深處的洞穴有多深？」在我回答之前，他補充道，「我是說地下真有很大的空間嗎？」

「好吧！就像我偷偷告訴過你的那樣，我支援的三個實驗室正在調查該議題，而且……」

約翰再次打斷我說：「正如我們之前所討論過的，我的研究揭露了石油行業眾所周知的事情，即地球呈蜂窩狀，佈滿深湖、河流、洞穴，甚至位於下方天然隧道花崗岩的表面，抑或甚至在岩漿帶附近更深處。此外，由於阿波羅計劃，我一直在將我們星球的結構與月球的結構進行比對。此外，在恆星附近的軌道上可能存在著非氣體行星，它們的行星與我們太陽系的行星相似。這有可能像你們在 TRW 推動的那樣嗎？」

「嗯，是的，但是……」

約翰繼續說：「這讓我得以了解鄰近恆星的天文學，甚至確定了他們行星對穩定性和擠壓的壓力可能影響水平重力，以及它如何影響行星的板塊構造配置。現在看來，圍繞恆星運行的軌道上，那些不尋常的行星不斷受到猛烈的壓力，導致大陸如此頻繁地膨脹和收縮，以至於那裡無法有任何最低限度的生命生存。」

「哇！約翰，等等。我們已經碰觸到一些辛迪所說的奇怪的事情，但你說的超過我能理解了。」

「比爾，聽著。有很多洞穴沒有石油，只是些奇怪的東西，就像你的辛迪所說的那樣……」

在約翰繼續說話之前，我提到秘密話題說：「TRW 八八九〇確定我們已經鑽進了另一個洞穴，不在新墨西哥州的道西中心附近，這洞穴在……。」

「我知道你要去哪裡，但我們必須等瑪麗吃完晚飯。」

在家與瑪麗和孩子們共享美味的葡萄酒晚餐後，約翰和我繼續私下討論。我再次打開了年度秘密的話題。

「約翰。」我繼續說道：「當年我們在好萊塢、還是孩子的時候，我們的言行舉止就好像你的伯特人（約翰扮演的人：外星人）。我們同意其他人在那裡住了很長一段時間，那時你告訴我你是如何設計你的地面鑽孔機的，我把它們畫在圖紙上，假裝跟隨在地球上挖掘的無聊機器。記得嗎？」

「沒錯，比爾，我知道這就是 TRW 計劃讓諾斯羅普完成的任務。」

「你從哪兒弄來的，約翰？」

「你不是唯一一個能『快閃』的人。我通過心電感應也去過一些人認為我們看不到的地方。」

「好吧！約翰，我們可以整夜談論這件事，但我要說的是新墨西哥州的道西不是美國唯一的地下外星人與人類研究中心。爬行動物可能正在營運數百個地下外星人基地，其中一些就在我們的城市之下。」

「同意！」約翰大聲說，瑪麗和我的三個孩子在房子的其他角落甚至也能聽到。

「比爾，我再說一遍，還記得我們小時候在哈丁叔叔聖莫尼卡的大房子裡嗎？我們當時都在大客廳裡，他剛從圖坦卡蒙在埃及的辦公室回來。他聯繫了那裡的其他埃及研究員，他們質疑金字塔建造的公認方法，即使用奴隸移動大塊的石塊也很難建造。哈丁叔叔說服埃及研究員帶他去金字塔內部和周圍的地方，他們也質疑過這些地方是「禁區」。他們探索了金字塔下的房間，也探索了這些房間與地表結構下的其他地方連接起來的隧道，甚至綿延數英里的隧道也被封鎖了。哈丁叔叔發現了無處可去的隧道，他給我們看了他在這次旅行中拍攝的五十多張照片；甚至包括距離金字塔數英里的其他古老建築下的隧道，以及其他似乎遍布埃及並可能與其他金字塔位置相連的隧道。哈丁博士說，他從研究中確信，未來天文學家會在太空中的其他行星上發現金字塔。我們會發現，有些擁有不尋常力量的生命，可以完成非常不尋常的事情。他們可以住在金字塔附近，也可能住在金字塔下面。」

比爾闡述道：「這些不尋常的生命能用某種切割機從山的一側切割出大塊的花崗岩，然後他們會用空中纜車將它們漂浮到金字塔三十英里處，再將二十噸重的石塊輕輕地放到金字塔的地基上。」

「別說了，比爾。移動建造金字塔的巨大花崗岩塊，是圖坦卡蒙國王的人民永遠無法移動和建造的，他們也無法雕刻岩壁來建造隧道。這兩項任務在當時都是不可能的。但它們也與埋在金字塔附近地表下所建築設計的古代社區的存在有關。」我在 TRW 的團隊確信，哈丁博士對地下設施的存在評估是正確的。

約翰解釋說：「我們搜尋數據的研究顯示，洞穴很可能存在於地球上的多個深度，甚至可能存在於月球中。研究用的鑽探在深 39000 英尺的地方壞了，但並非每個地區都有同樣的問題。」約翰補充道，「在鑽探研究項目的同時，約翰的團隊在一些不尋常的地區，鑽進了有新鮮空氣、但沒有石油的開放式洞穴狀區域。然而，石油行業在鑽探時鑽入開闊區域是很常見的，因為他們要在全世界尋找新的油藏。約翰的團隊發現有多個相互隔好幾公尺的氣穴，能讓河流淌流數百公里，然後再消失。在某些地區已經確定，行星的地殼被不同大小的相鄰洞穴狀氣泡穿孔，這些氣泡包含空氣和湖泊。有時它們會被岩石和地殼物質所隔開，這些物質與為河流提供河道的天然隧道相連。在內華達州西部，有許多隧道入口通向山下的巨大洞穴。

回到會議室，我要求蒂芙尼鎖門，因為我們討論的主題是高度機密的。

「上鎖了，老闆。」蒂芙尼笑著說，並離開了講台。我主導著整個會議：「正如你剛剛意識到的那樣，漢登博士是地球上天體物理學各方面知識最淵博的一位專家，他也一直從地球上幾乎每個國家挖過的深洞裡鏟土。這帶給我們幾個驚天動地的新問題，我不是指地震；我的意思是洞穴、隧道和地球內部的外星人。」約翰漢登打斷我的話補充道：「的確，比爾和我多年來一直在努力解決這些問題，這令人震驚。」

我繼續說：「這是我的興趣，我建議我們必須利用 TRW 的所有資源來了解外星人利用我們的星球，作為對我們人口精神控制的中心基地。他們在巨大的洞穴中為自己的計畫建造了城市。我知道你的時間有限，但讓這會議室裡的每個人都了解我們所參與的事情非常重要。」

「在 TRW，如果要使用我在道格拉斯智庫為新計畫開發的舊制管理程序框圖操作系統，我們必須為每個在地下地洞及其附屬隧道中運行的計畫制定一個作業程序。」

「哇！比爾，這是今年最偉大的計劃聲明，」蒂芙尼說。

「嗯，這是我們星球下大規模的發展，我們不了解也從未意識到。這些設施極有可能存在於整個地球上每個國家和城鎮裡，甚至在大湖和海洋之下也有可能，」我補充道。

再繼續說：「博士，漢登和我列出了外星人在那裡進行的一些發展，我已經把這些進展分成了特殊的程序。我使用的系統管理程序有四個階段：概念階段、定義階段、開發階段和操作階段。已概述過的幾個隧道程序，其中有些是進入概念階段，而有些則進入定義階段的一半；其他有些人則處於概念階段，而我們甚至還沒有觸及到表面。」

「比爾，就目前而言，就先用主要計畫打擊他們，」蒂芙尼說。

我補充說：「地下有些奇怪的事物，對我們在地表上所知道的生活來說並不正常。就像城鎮、城市和大型實驗室一樣，裡面有外星人和受精神控制的人類囚犯。其他的就很奇怪了，像半人體的八爪章魚，具人頭的馬和六足人頭的昆蟲。地球上到處都有連接的隧道。令人震驚的是，爬行動物和其他外星人已經在我們眼底下活動了數千年。我們太陽系中其他行星也可能有洞穴和支撐隧道的事實，這很可能說明其他恆星也有相同的現象。在我的團隊裡，我們已經確定這是可能的，但還只是在做第一次全系統性的系統開發，這只是冰山一角而已。我們眼前有一項令人難以置信的任務。」

程序級操作：

- 確定全球秘密洞穴數量的比例
- 確定哪些外星文明正佔領著洞穴
- 確定他們的計劃
- 辨別朋友或敵人

・確定軍事洞穴基地的數量及其能力
・繪製整個星球的洞穴地圖
・定義海軍陸戰隊和陸軍地下搜尋和摧毀任務
・訓練海軍陸戰隊在地下與外星人作戰
・設計和製造靜電力加速器束和粒子束武器
・確定有哪些國家或外來物種佔據了各個星球不同的區域
・建立區域所有權或共同所有權，指揮和控制權
・了解洞穴環境控制
・定義洞穴開採計劃
・指定能減少百分之七十貨物運輸量的洞穴高速貨運列車系統
・量化洞穴高速城際隧道公路
・列舉沒有軌道的外來高速隧道

下午五點三十分，當蒂芙尼突然出現時，我和克里斯在沒有任何行政助理支持的情況下忙了一整天，也熱情洋溢。

「你們兩位姑娘一整天都去哪兒了？」克里斯問道。

「哦，我們早上在休息……」

我打斷她說話：「現在是六點，並不是午餐時間。」

克里斯汀補充道：「四一五六實驗室的瑪莎告訴我們這個地方：沙斯塔的歡樂宮，我們整天都

在那裡逛街。」

「真的，太棒了！」蒂芙尼補充道。

「你們是怎麼從這裡一路到沙斯塔山的？」

「哦！我們租了霍華德建議的那種帶皮革座椅，兩座小型開放式幽浮中的一座。我認為這是從義大利進口的菲亞特；它們真的很有趣，而且易於駕駛。」（編按：是不是有點吹噓？）

「沙斯塔山有什麼好玩的地方？」克里斯問道。「那是什麼？」

「哦，不是在沙斯塔山。它在地下，是一個像維加斯中心一樣有櫥窗購物的外星小鎮，比荷蘭鹿特丹有趣得多，」蒂芙尼說。商店櫥窗裡的人體模型穿著五英寸高跟的紅靴子，高過膝蓋，橙色緊身連身褲就像繩子一樣剪斷了下半部，整個小底通透裸露而出。

來自道格拉斯公司的芭芭拉走進來，聽到所有的談話說：「哇！那些女孩不是人體模型，他們是窗戶裡的真人，您稍後可以與他們見面，再一起玩樂。（是的，來自公司的芭芭拉，也來自道格拉斯，一如既往的好。）我也去過那裡，沙斯塔的遊樂宮真的很棒！但是你，克里斯，滿座宮城跑，你知道的。你們乘坐那架七三七飛到沙斯塔機場，而不是乘坐小型的雙人座幽浮；就算義大利人再有本事，飛雅特還是沒有辦法建造出這樣的幽浮。好的，祝你們玩得愉快！」

接下來的一周，克里斯和蒂芙尼再次以「隧道和洞穴」的議題不斷轟炸我。我與五九六七和他們對月球地下外星人基地的關注團隊，剛結束一場簡報。五九六七一直在比較美國西部各州潛在的外星人地下隧道和驚人的洞穴數量，以及外星人使用月球洞穴基地進行類似可能的操作。兩年前，約翰亞歷山大（前任老闆）建議我們考慮新墨西哥州道西的地下洞穴，那裡海軍正在與外星人合作。

「五九六七正想要我們把他們帶上船。」我說道。

我還沒來得及繼續，辛迪，迷你飛行到我們的檔案室。一會兒，她帶著得意的笑容走了出來，一把厚厚的銼刀懸在我的鼻子前。「知道了。比爾，你那可疑的過去，陰森森的道格拉斯地下鬼東西。」

「是的，辛迪，還記得我們計劃那個測試中心的日子嗎？諾斯羅普和洛克希德也將在蘭開斯特的那個洞穴裡作業。」

辛迪仍然站在那四英寸高的地方，像個指揮太空海軍的海軍上將一樣開始閱讀著，「八六六四提議的反重力航天器測試中心，將位於加州蘭開斯特三十公里長的地下洞穴中作業。」反重力測試中心將在 NAVSPACE 控制下建造和營運，由道格拉斯、諾斯羅普和洛克希德航天系統公司聯合營運。測試中心將進行最終組裝、測試原型和預生產的太空飛行器、攻擊戰鬥機／轟炸機、門戶和運輸，以便在太陽能和星際海軍任務中運行。」

「好吧！小姑娘，你說得對，」我踩著她的腳說（這次是四英寸的靴子）。

「我還沒有完成，」她繼續說，「該中心將像太陽一樣，由乙太能源供電和照明，並由連接中國湖和愛德華茲空軍基地的隧道系統提供。地下測試中心將由複雜的指揮和控制測試中心運營，該中心由民間和海軍人員共營運。他們可能有得到外星灰人、爬行動物技術人員的支持，現在正在開發的許多其他地下中心也是如此。這個蘭開斯特測試中心還連接複雜的高速地下軌道系統，這些系統將位於美國各地較大的地下洞穴生產中心。」

「辛迪，等等。你已經把這些話都告訴五角大廈了。」

「不，我沒有。真正的豪語是：這些地下洞穴開發中心將耗資數十億美元，洞穴當然不必花錢，只是有些靠近火山。」

「天哪！比爾，」克里斯補充道，「我們真的惹上麻煩了！」

10.1 後來在 TRW 的經歷

「好吧！史蒂夫，你是這方面的專家。」盧格說著。現在快十點了，我們在約翰博士的閱覽室裡。我們已經進行了三天的會議，但對於如何向高層管理人員披露地下洞穴和外星人隧道的事情，我們仍然沒有達成共識，因為這對我們 TRW 的贊助商來說太陌生了。博士的心境畢竟是封閉的，在大學接受教育，有很多真實歷史的許多層面都被矇騙了；我們永遠不能依賴他們任何一個人來支持我們的計劃。

與鄰居會面：因為我的第一本書，我和林恩．多布森（Lynn Dobson）在我辦公室會面，他是美國海軍上尉，已退休，駐加州歐申賽德：二〇〇一年，他曾告訴我，他和一位四星級海軍上將以及他的助理，在他們海軍生涯最後的十六個月中，回顧了由外星人與美國海軍共同管理的大型地下城市和水下外星人基地。這些設施遍布我們美國的領土。

10.2 海軍上尉的報告

我一個很好的朋友，是海軍上尉，在二〇〇〇年告訴過我關於外星人的事，是關於海軍第一艘核潛艇和外星人。

這事發生在猶他州；該計劃屬最高機密。從概念階段到美國實際首次試運行的整個開發過程，鸚鵡螺號發生的時間比海軍建造常規潛艇所需的時間短。這進展速度如此之快，以至於許多參與的科學家和年輕的海軍軍官自殺的比例，比任何其他海軍發展計劃都要高。這朋友在戰爭學院的眾多任務，也是在極高的壓力下進行的，並一直強調著來自地球之外完全不同的威脅。

麥克阿瑟（MacArthur）在一九四五年就說過。他在羅德島戰爭學院時，奉命擬定一場「潛在戰爭」，要求來自海軍、空軍、陸軍、海軍陸戰隊、中央情報局、聯邦調查局和神職人員等不同角色的參與者擬定一場戰爭，要我們發起攻擊三個阿拉伯國家並消滅他們的政府和軍隊，但這不是要引發第三次世界大戰或殺害數百萬平民。每個參與者都要提出一個計劃。最後除了船長的計劃外，沒有任何計劃是成功的，船長覺得他的計劃是在外星人的幫助下構思出來的。海軍上將斯坦斯菲爾德·特納（Stansfield Turner）（後來成為中央情報局局長）對船長的計劃印象深刻，他將船長的任務改為「高級參謀」。那是幾年前發生的，正是在為期四個星期的伊拉克戰爭之前。

船長說，在他從海軍退役前的最後十八個月裡，他與一位高級海軍上將一起審查了美國及其領土上，所有外星人開發和作戰基地（如五十一區測試中心）。這些設施很多都在地下，完全被外星人控制著。

當我問他為什麼一九四二年二月我們剛開始在珍珠港遭日本襲擊時，不明飛行物即乘著數百輛幽浮在長灘和洛杉磯上空飛過，而且速度如此之慢，高度也很低？他說他們（外星人）「覺得是時候，該向我們透露他們友好的存在了。」

我向他詢問了MUFON（CUFOS的Allen Hynek博士）的相關文件；該文件指出，在任何時候，我們星球上都存在超過八十種外星物種。他們有些像在度假，對我們的樣子感興趣，然後在不同恆星附近的其他行星上飛行，也有些在不同的研究機構幫助我們。我在等待電話回覆的同時，我告訴船長，當我在DAC籌劃阿波羅計劃時，身邊跟著一位新秘書，她看起來像是剛從拉斯維加斯的舞台上走下來似的；她是我見過最漂亮的女人，很聰明，每當在我需要任何文件時，她都能事先知道並拿出來。很莫名的是，她有時會對我們一些人做出看起來像殭屍的表情，儘管那不是他本意。我當時認為（一九五九年）她在那裡是為了要了解我是如何構思和管理該計劃的，然後再將其傳遞給其他某個希望我們登上月球的研究小組。但這並沒有很困擾我，真正困擾我的是我覺得她是一個外星人，我不知道怎麼形容那種感覺。船長的回答是：「你知道，有些外星人可以讓自己看起來與實際的存在不同。」

我告訴船長，在TRW有一位資深同事，是與我合作無間的醫生，也在加州大學洛杉磯分校夜間部教授系統工程。他是一個非常高大英俊的男人，助手是一位絕佳的美女，不像殭屍。有天晚上，因為他在比弗利山郊區帕利塞茲要參加一個會議，希望我去幫他代課。我同意了，因為即使沒有按照課程上課也沒有關係。但出乎意料的是，我向全班簡單介紹了如何使用系統工程概念，讓兩個人能夠在月球上行走。這堂課足足進行了兩個小時，因為在座的都有問題發問。

後來，我發現我同事和他助理那天晚上真正在幹的事。他們聚會所在的大房子裡，有一個非常大的三層樓客廳。晚上，我朋友和他漂亮的助理懸浮在客廳天花板上二十多分鐘。這是一個非常好的聚會。機長不為所動的說：「不要忘記外星人在加州穆洛克空軍基地對艾森豪威爾總統做了什麼：他們在展現技能之時，能漂浮（懸浮）在我們機庫和會議桌的上方。」

第⑪章

俄勒岡之謎——意外的時空穿梭？

二戰的最後幾年，當我加入海軍並駐紮在加利福尼亞州聖地亞哥時，我只有十八歲。戰爭結束後，我光榮退伍，進入平民世界，在各種製造和設計飛機的公司工作。我年輕時那段時間的經歷在本書其他章節和《外星人選中的科學家》中都有詳細的介紹，所以在此不再贅述。然而，從事海軍時的熱血仍然存在我的血液中，我一直覺得與那個軍事部門很有歸屬感。

你們知道這本書是一本自傳，所以我要再跳開一下，從一九八〇年代，我在 TRW 工作之後開始說起。在晚年離開 TRW 之後，我們全家搬到了俄勒岡州的梅德福，尋求一個壓力比較不那麼大的生活方式。那裡發生的事情是我生命中的另一個奇妙事件。每個人都知道俄勒岡州在伯恩尼，但梅德福位於加利福尼亞邊界以北僅十四英里處，那裡有座每天都有飛碟飛來飛去的大山：沙斯塔山。抵達俄勒岡州後不久，我們購買了一塊建築用地，在一座高山西側設計並建造了一座大型未來主義住宅，可以一八〇度欣賞太平洋西海岸的壯麗景色。

在那裡，我組織了一個名為 Rogue Valley Council 的海軍聯盟委員會。海軍聯盟委員會由退休的海軍人員、他們的家人和其他對促進海軍生活方式感興趣的平民組成。就我而言，我為海上學員、十幾歲的男女孩們建立了一個特別項目，我教導他們有關幽浮、ET 和我們太空海軍的真實面貌。我們將它們命名為「星際排」。

俄勒岡海軍聯盟的其他成員是退休的海軍軍官，其中許多是擁有自己商務飛機的飛行員。他們會為他們的生意和海軍聯盟的活動，飛遍西部各州。

一個有趣的旁注是，當他們繞著沙斯塔山飛行時，他們會看到不明飛行物進出那座山。奇怪的是，他們看不到任何入口可供飛行器使用。他們甚至開著越野車繞著山地、基地轉了一圈，試圖尋找這樣的開口，但卻沒有成功。如您所知，據報導，沙斯塔山是一個主要的幽浮／ET 基地。

二〇一五年，有必要回顧一下一九七〇年他們讓我進入 TRW 太空智囊團時開始，我那一連串電影般情節的一些情況。我在海軍聯盟與 Brass 一起回顧了這些奇怪的外星事件。

這是我告訴他們的：這一切都始於一九四二年，我對外星人的愛好開始，當時我在加利福尼亞州聖地亞哥的海軍情報部門擔任海軍上將 Rico Botta 的工作人員。如你所知，我在 Douglas Aircraf 繼續參與太空計劃，然後在北美／Rocketdyne，後來在 TRW，我在那裡擔任副總然後，我繼續擔任高度機密的 ASW/UFO/SEAFLOOR BASES 的項目總監，然後進入 General Dynamics 的企業紅隊。後來，我的位階於七〇年代和八〇年代，在西北地區達到了人生最高潮點，在那裡我被勝任為美國海軍聯盟的俄勒岡州副主席和一個具有海軍太空議程的秘密特別項目小組的主席。這包括研究外星人的海軍任務；這些是他們通過戰爭控制地球上每個國家的計劃。我們必須接受一些敵對的外星人可能已經在這裡地下數千年，可能使用戰爭作為他們保持對我們控制的方法之一。

我在 TRW 的工作是利用計畫好的海軍太空任務，使用數公里長的美國海軍航空母艦來對抗外星人。然後我們向國會提議撥款數億美元，用這些航天器建造三十個戰鬥群，以與外星戰鬥群交戰並防止他們攻擊我們。如有必要，這將通過攻擊銀河系中的外星人戰鬥群來使其他外星人離開我們的星球。（不是在這個星球上發生戰爭！）然後我們將努力滲透其他已經滲透到我們防禦系統並試圖接管我們星球的外星物種。

由於年輕男孩，尤其是女孩的熱情，開發海青學員（Sea Cadet）計劃出奇地簡單。這與我在四○年的海軍聯盟參與中遇到的任何其他人完全不同。這些學生在看了斯皮爾伯格一九七七年上映的經典電影《第三類接觸》後受到了極大的鼓舞。我向他們介紹了航空航天技術，他們就是聽不夠。我參與了太空任務的構思和阿波羅階段的設計，包括發射設施三九綜合大樓，對他們來說是過耳小曲。他們對我對發射控制大樓的描述和圖紙很感興趣，當我向他們展示我的四○○英尺鋼製臍帶塔的1"×3"×3"模型時，他們感到驚訝，該塔的四個入口臂連接到阿波羅車輛。他們對自己現在真正參與了太空計劃感到非常滿意和自豪。

THE ANCHOR

Volume 1, Issue 11
July 12, 1993

Membership Bulletin

NAVY LEAGUE OF THE UNITED STATES
Rogue Valley Council
625 E. Jackson St., Suite 333
Medford, Oregon 97504

The Board of Directors is comprised of Officers and Directors:

The Officers
Bill Tompkins, President
Dave Baker, Vice-President
Larry Doeck, Secretary
Dave Hall, Treasurer
Bill Haberlach, Judge Advocate

The Directors
The Honorable Jerry Lausmann, Mayor
Jean Frik
Mike Michaelson
Bob Bush
John DeZell
Norm Sease
Jerry Barnes
Earl MacPherson
Marjorie Morris

PRESIDENT TOMPKIN'S MESSAGE: Downsizing of the military may leave the nation unable to meet defense strategies. Currently, the Secretary of Defense is leaning toward more reductions, with the goal of a 10-Carrier Navy, down from the present 12-Carrier force. With standard deployments, overhaul downtime and in-port station in preparation for deployment, it is likely that response capabilities will be jeopardized. Write to the President, senators and house members with your concerns. As Navy League members, we cannot avoid this responsibility. Put your signature on our letter from the Council at the July 20 meeting. Send your own letter. America cannot abdicate its role in the world nor jeopardize our freedom.

Please join together on July 20 at our next meeting. We have several videos to show that will help you understand the present Navy and its systems. This meeting will be a time for everyone to talk together to discuss foundation issues and focus on ships, planes and defense systems. Can we really afford to downsize from 600 to 340 ships? We will have pretzels and chips on hand to accompany your iced tea, but we need you. Please, join us.

TREASURER'S REPORT: Dave Hall, Treasurer, reports a balance of $593.91 in our main account, plus a $300.56 balance in the Sea Cadet account.

WORDS OF WISDOM (WOWs) will be found in the newsletter from time-to-time, such as, "Never argue with a fool; people might not know the difference."

WELCOME TO NEW MEMBERS: We have 84 members, want more and appreciate you joining with us! Besides banding with others, like yourself, who are imbued with

作為當地海軍聯盟的主席，比爾顯然不負眾望。

我還解釋說，發射控制大樓是我設計的，它取代了德國地下碉堡和德克薩斯州休斯頓的任務控制中心。他們對此的熱情高到海軍聯盟董事還將他們的海軍聯盟分會評為西部各州區的「頂尖」。

在俄勒岡海軍聯盟，我們花了十四年時間調查秘密外星人議題，但這將不得不等另外一本書。（埃德．比爾的電子和物理記錄不包含他調查外星人秘密議題的報告。如果比爾的電腦如果還在的話，應該在他兒子的迪恩那邊。）

我們的海軍聯盟成員之一，俄勒岡縣專員，特別項目主任 里克霍爾特（Rick Holt）與參議員貝利．高華德（Barry Goldwater）有親戚關係，他也是美國空軍預備役的少將。高華德贊助了最高級別的外星計劃。可能是因為當時他回到了華盛頓特區，且作為南俄勒岡縣專員和海軍聯盟特別項目的縣長的里克霍爾特經常缺席的緣故。。他是海軍聯盟的主要人物，他知悉五角大樓內部有關我們政府關係的各種情報。他還對最新的不明飛行物目擊事件瞭如指掌，這可能是因為他參與了從高華德接觸五角大樓海軍任務中獲得的機密信息。這使得他對我們的俄勒岡海軍聯盟組織特別有價值。

另一個海軍聯盟花絮是：我曾在加州聖地亞哥大學城的辦公室與科學應用國際公司（SAIC）的執行副總裁戴夫．索森（Dave Thorson）交談。戴夫還參與了海軍聯盟的任務。他跟我說，他最近發現外星人一直在科學應用國際公司大樓的大廳裡遊蕩。科學應用國際公司是「黑工程」世界的主要參與者之一，所以「他們」經常出現在那裡也就不足為奇了。我們懷疑他們主要是監視我們的許多與他們有關的「黑工程」項目。

現在讓我告訴你我在梅德福期間發生的一次非常奇怪的經歷。你應該會覺得它很有趣，甚至可能令人難以置信，但它真的發生了，後來有幾個參與者向我證實了這一點。

11.1 我在沙斯塔山上被時空傳送了嗎？

某一天一如往常起床後，我發現我的手機裡有一個語音郵件，是前一天晚上留下的。這是一個女性的聲音，說海軍聯盟的軍官都被邀請參加下週的晚宴，其他信息將在稍後通過郵件送達。這一切都很離奇，因為她沒有表明自己的身份，也沒有留下電話號碼。果然，第二天收到了一封正式的邀請函，邀請當地政府官員和海軍聯盟官員在俄勒岡州梅德福以西約四十英里的地方參加晚宴。裡頭附上了一張會議地點的地圖。邀請函是由「俄勒岡海軍聯盟支持者」簽署的，我們不知道他們是誰。

我聯繫了梅德福市長，問他願意陪誰參加這個活動。他說他會請縣長加入他的行列，他們兩人將代表梅德福市。

約定的日期到來，我們有十五個人（主要是參加當地海軍聯盟的退役海軍軍官），擠進了三輛越野車。市長和縣長開著市長的新奧迪跟在後面，我們按照提供的地圖組成了一個四車大車隊向西行駛。大約三十英里後，我們駛離主幹道，轉上一條向西通往遠處山峰的小路。一路上，路邊貼著帶有外星人面孔設計的黃色標誌，指示我們應該走的正確方向。後來我們發現，正是我們的海軍聯盟學員張貼了這些標誌。

很快，我們就走上了一條狹窄的土路——幾乎不是一條路——蜿蜒上山。它這是一次可怕的旅行，因為上山的小路傾斜的角度很容易讓車從側面滑落，並從山上滾下來，不得不說一旦發生的話，我們必死無疑。後來我們懷疑外星人暗中以某種方式確保了我們上山的安全。

經過幾分鐘的懼怕，我們終於到達了山頂，那裡有一片被松樹環繞、大片平坦的鋪砌區域。令我們驚訝的是，我們看到三輛大型交通工具漂浮在大約七英尺的空中。沒錯，是漂浮！它們看起來就像是沒有旋翼的直升機，每架都發出絢麗的彩色光——紅色、藍色和橙色。這就解釋了為什麼沒有鋪好的道路通往山上——他們是乘飛機到達的！這裡周圍沒有其他人，但我們在該區域的遠端發現了正規的黃色標誌，表明我們應該繼續前進。大約四分之一英里後，我們看到了一座看起來像是一座宏偉狩獵小屋的巨大雪松建築。

停車後，一個二十多歲的帥哥在環繞的大門廊上迎接我們，他把我們帶到一個大入口處，在那裡迎接我們的還有大約二十幾個二十多歲的人，男的帥女的美，他們都穿著半正式禮服。男女似乎一樣多人。短暫的介紹後，我們被領進了一個休息室，裡面有各種各樣的長毛絨椅子和沙發，還有一個大型桃花心木酒吧，我們在那裡享用了餐前的雞尾酒。所有的談話裡都涉及表明了他們對我們在俄勒岡州新成立的海軍聯盟的支持和鼓勵。

每個房間都裝飾著狩獵小屋的圖案，每一面牆上都展示著巨大的動物頭顱和武器。我們很快就搬到了一個大餐廳，裡面有一張長長的中央桌子，我們坐在一邊，所有人都在另一邊面對我們。一頓豐盛的晚餐後，他們還提供了各種甜點。

我們坐在屋裡面對外牆，窗戶可以看到西邊的壯麗景色。突然間，令我們驚訝的是，整個外牆都溶解了，變成了看似透明的玻璃。不僅是牆壁，地板、桌子和椅子都變成了透明；我們感覺我們好像懸浮在半空中。下方原本的松樹和西部景色，已經變成了方圓一英里左右的未來主義城市。我們看著桌子對面的人，也不再穿著他們以先前的裝扮，但現在女士們穿著性感、輕薄的服裝，男士們穿著短褲和短袖襯衫。這到底是怎麼回事？他們在甜點和咖啡裡放了什麼？

現在我們很清楚我們的東道主是外星人，他們向我們展示了他們對我們海軍聯盟分會的支持，該分會致力於教育我們年輕人了解外星訪客。太糟糕可惜了，我們的海軍聯盟學員沒有在場見證這個「奇蹟」。

片刻之後，場景又回到了我們之前的現實，牆壁、地板、桌子和椅子再次堅固，我們的主人又回到了原來的衣服。雖然我們仍然對我們奇怪的經歷感到震驚，我們還是感謝我們的主人並離開，謹慎地下山。我和市長、專員一起，大約下山的時候，開車的市長捂著胸口，喘了口氣，停下了車。很明顯，他正在遭受輕微的心臟病發作。其他車停了下來，在其他人的幫助下，我們把他拉到後座上，讓他可以躺下。我接過方向盤，以安全的速度盡快駛下山。與此同時，專員撥打了九一一，以便他們可以在高速公路路口與我們會面。我們在 EMT 到達之前到達了谷底，所以我們驅車前往最近的醫院急診室。幸運的是，在及時的醫療救治下，市長活了下來。

當我後來與在山頂一起活動的一些海軍軍官進行核實時，他們對我觀察到的「奇蹟」城市沒有任何記憶。我大吃一驚！幾天後，海軍聯盟主席和專員確實證實了我的經歷，所以我知道我那不是幻覺。但其他人都不記得發生了什麼，甚至不記得參加過晚宴。這是另一個有據可查的精神控制示例。非常奇特……。

11.2　在我們被綁架的期間，到底發生了什麼事情？

我們五個人（瑪麗和三個孩子）正開著我的新 Sedan De Ville 到紅杉山脈的一間小屋，突然看到山頂附近有一道刺眼的燈光。發動機熄火後，大燈熄滅，收音機、儀錶板燈和加熱器也都跟著熄滅。熄燈後不到三分鐘，引擎又啟動了，我們只是開車越過山頂，回到租來的小屋，在森林裡玩了三天。

下週二，我把車送到威爾希爾大道的凱迪拉克經銷商處進行檢查，看看可能是什麼原因導致了機械故障。在檢查車子的時候，他們給了我另一輛車。汽車維修師傅仔細檢查了一遍，說車子完好無損，就這樣。不，我不這麼認為，因為不知何故，我覺得我們位在這種光線下的時間並不是只有短短幾分鐘，而是更長的時間。

我在道格拉斯所經歷的任何一切涉及外星人的事情，可能會讓全家人因為不同的目的而被拉上他們的母艦。這令人非常沮喪，因為他們一定在我，或我們的潛意識中控制了我們，我們的記憶並將那些事件都抹。我很肯定我的妻子瑪麗和我們的女兒一定都嚇壞了，因為我如果提到任何關於這個主題的事情，他們並會試圖找個方式懲罰我。我有一種感覺，如果我被專家催眠，我會發現實施這次綁架的外星人非常邪惡，在宇宙中他們試圖對抗那些幫助我們的北歐人。

第⑫章

截至目前為止——人們必須要知道的秘辛

12.1 美國的迴紋針計劃，對美國來說是好還是壞？

「迴紋針」行動是二戰後設立的一項計劃，旨在將有才華的德國科學家帶到美國，幫助我們開發原子彈和導彈計劃。戰爭期間，這兩個計畫在德國都非常活躍，他們的科學家擁有對我們來說非常有用的知識和技能。在德國投降之前，這些科學家已經被確定、並標記為未來要吸收的對象。

不幸的是，杜魯門總統讓國會通過了一項法律，禁止任何納粹分子進入美國。但這不是問題！他們的納粹身分很容易就可以從他們的人事記錄中刪除。然後這些「清理過的」文件用迴紋針夾在他們的舊記錄之上。所以這就是這個項目的命名方式（他們是這麼說的）。

戰爭一結束，美國和俄羅斯都爭先恐後地想要得到這些有價值的人。其中有幾個有趣的故事，講述了裡面有多少人從希特勒命令的處決中獲救，有多少人被俄羅斯人搶走。許多人確實去了俄羅斯，但我們能夠為我們自己的秘密計劃招募到一千多人。這些人和他們的家人被重新安置到國內的不同地點。許多人前往新墨西哥州洛斯阿拉莫斯從事原子彈相關工作；一些到俄亥俄州代頓市，在賴特帕特森空軍基地工作；一些人前往新墨西哥州的白沙，從事我們的導彈計劃；還有一些人前往佛羅里達州的卡納維拉爾角。韋恩赫爾．馮．布朗（Wernher von Braun）是著名的迴紋針科學家之一。

「嘿，鮑勃，你知道吉姆嗎？這個人我真的不得不發表一下意見。他不知從哪兒冒出來，就直接接管一切。他有辦法成為迴紋針計畫的一份子嗎？他有可能是二戰結束後、滲入道格拉斯的第三帝國黨衛軍的一員耶。我們沒有贏得那場戰爭；第三帝國贏了。吉姆可能是一名納粹分子，他來到道格拉斯是為了讓工程部置於製造部底下、好以控制他們。最後他成為製造部副總裁、接手了一切。哇！請記住，沒有人知道他是誰，也不知道他是如何接管並管理一切的。不只是我，幾乎每個人都對他有疑問。他在道格拉斯的每一個計畫中都投入人手。如果我們能找到一個真正的原因、為什麼我們的工程部副總裁會退出道格拉斯，並前往洛克希德的臭鼬工廠，也許我們就能理解 DAC 是如何進入我們競爭對手波音公司的。」

據報導，迴紋針項目派遣了名為「T-Forces」的精英科學家和調查人員團隊進入歐洲，沒收德國實驗室的所有文件、資料、電腦硬體，甚至是參與納粹航空航天研究的科學人員。這項行動導致二戰後歐洲的「人才外流」。該計劃是開發類似於納粹試驗過的不明飛行物類型的飛行器。據研究人員安東尼（Anthony　Kimory）稱，陸軍、海軍、陸軍空軍、中央情報局和 OSS 協助了「T-Forces」和「迴紋針」項目。

幾名協助「暴行」的納粹高級官員也被帶到美國。同樣的，他們的罪行也被壓了下來。其中許多人在德國佩內明德（Peenemunde）的空氣動力學研究所工作。該研究所製造了 V-2 火箭、德國戰鬥機等等，用來自卡爾沙根（Karlshagen）集中營的強迫奴隸勞動。根據安東尼的說法，佩內明德科學家在迴紋針計劃下控制了美國火箭、航空航天和太空項目二十多年，而美國宇航局的大多數人都沒有注意到這一事實。安東尼稱，分別為馬歇爾太空飛行中心與肯尼迪航天中心的負責人，華納・馮・布朗（Wernher von Braun）與庫爾特・海因里希・德布斯（Kurt Debus），都是被美國情報部門的同情者幫助下，被帶入的納粹黨衛軍特工。

12.2 這個共濟會之謎是什麼？

早晨的陽光照在我辦公室的窗戶上，一切看起來似乎都那麼得美好。但當我走出辦公室時，這位漂亮的蒂芙尼又朝著大吼大叫。她已經好幾次對我發火了，但今天早上她似乎真的特別生氣。

「王八蛋，你現在要去哪裡？」她跺著腳、眼裡閃著火光並大叫道：「你要去斯旺森（Swanson）古代歷史實驗室找那個臭女人嗎？你最近經常去那裡，但我現在需要你。還有誰是喬治・艾略特（George Elliott）？我從來沒有聽說過他。我在電話簿上甚至沒有查到他。」

「好了，小丫頭，退下。我和喬治有個會面，我必須馬上過去。」

「好吧，比爾。」她拿起她的文件，「走吧。」

「不不不，這次你不用陪我了。」

「少在那廢話。你需要我，否則你無法踏出這間辦公室。」她雙手搭在纖細的腰間、穿著五英寸的高跟鞋朝我走來，「喬治是不是又是某一個女孩的代號？」

她在我面前走出門，走向通往主樓層的樓梯。而我穿過大廳朝另一條路走去。我遠遠地都能聽到她的喊叫，「你這狗娘養的，馬上把你的肥屁股移回來。」

我沒理她。

當我到達喬治的辦公室時，一位非常漂亮的年輕女士說：「你是比爾·湯普金斯，對吧？」

「是的，謝謝。」

「進去吧，艾略特先生在等你。」沒有任何的寒暄。

喬治說：「我們已經聽說了很多關於你所取得的成就，我們覺得是時候讓你了解真正的推動力和控制力了。」

「好吧，我很感激有機會幫助你們。」

「不，你不用幫助我們。這不是個邀請，但你會參與其中。這是地址、電話號碼和入口代碼。我希望你今晚9點到場。」

在對一些外星人問題進行了一些簡短的討論後，我帶著很多疑問離開了他的辦公室。現在是4點30分，我覺得回辦公室又會引起不必要的爭論，所以我直接前往克里斯（Chris）的辦公室，詢問這個艾略特是誰。

漂亮的女孩凱利幫克里斯說：「克里斯和杰斐遜一起去了3295，今天不會回來了。」

我以為我拿著洛杉磯南加州地區的詳細地圖，就可以找到確切的位置，但對方給的這個地址並不在地圖上。這個位置在比佛利山莊（Beverly Hills）和馬里布（Malibu）之間的山麓地區。因此，我撥打了對方給我的電話號碼，得到了前往離馬里布較近的地區的指示。我在晚上8點45分到達那裡。但看到的只是狹窄雙向柏油道路上的一個數字。我開車沿著兩邊都被美化的道路行駛，就像好萊塢的勞雷爾峽谷（laurel Canyon）街兩側的景觀那樣。開了將近一英里都沒有房子。最後我開到灌木叢生的一扇雙向大門前，一名穿著考究的保安站在他的保安室外。

當他走過來時，我搖下車窗。他對我說：「無論你要去哪裡，很顯然地你開錯了路。」

「我沒開錯，我九點前要抵達這。」

「對不起，先生，您必須離開。」

我想起當時喬治給了我一組數字代碼，我把它給了守衛。他仔細地看了看我，以及車內的樣子後說：「謝謝先生，請進。」他打開了門。

我又開了四分之一英里，沿途穿過樹林和風景優美的山坡、一片開闊的太平洋海岸美景就在眼前。最終我看到了豪宅。哇！豪宅水晶玻璃牆的大小真的讓我印象深刻；它的面積必須至少為10,000平方英尺。這裡還有另一個門，另一個守衛，我給了他一樣的密碼。大門打開後，我開進了一個很大的停車場，經過那裡後，我開到了似乎是豪宅入口的地方。它有三個寬闊的馬蹄形彎曲車道供客人下車。我開始想像載有彼爾德伯格會議、或是三角大廈金融精英的昂貴豪華轎車抵達、或是乘坐未來科技的直升機抵達這。然後，一陣寒意湧上心頭，我意識到這些豪華轎車可能載滿了外星人（這太瘋狂了；他們可以飛到這裡來）。我走上了第三條環形車道，離門最遠的一條，有兩個人從那裡出來並詢問了密碼。

給他們號碼後，他們說：「我們會幫你停車。」這就像日落大道上的貝弗利希爾頓酒店（Beverly Hilton Hotel）。

其中一個人帶我穿過了三扇玻璃門，說：「你從這裡走就可以。」

我仍然沒有見到其他任何人，一種非常奇怪的感覺湧上我的心頭，我應該馬上離開這裡。我開始往下走，穿過一個裝飾精美的大廳，裡面有羅馬雕像、精心設計的燈光和景觀。燈光很奇怪，但很漂亮；很柔美，但沒有陰影。地上舖有深銀藍色毛絨地毯。儘管如此，周圍還是沒有任人可以交談。位於走廊左側，有個十二英尺高的雙門，似乎是由某種帶凹槽的銀色塑料製成的。我開始對這個地方感到好奇，所以我開始觀察每一扇雙門。我左邊的第四個門通向一個窄廳、一個四、五層樓高的區域。大懸臂陽台從二樓和三樓突出。大部分都圍繞著傾斜的牆壁。當時沒有人在一樓。一樓大廳遠方焦點逐漸出現一個大廳。這個巨大的大廳裡的燈光很暗，但我可以肯定地看到陽台上有人。

前方地板被抬高了兩層，似乎形成了一個面向小舞台的三角形。後來我意識到，從平面圖上看，牆壁、天花板和活動地板形成了一個伸展的菱形形狀。陽台上有人在閒逛和說話，但我沒有認出任何人。現在正好是晚上9點。音樂停止了，人群的喧鬧聲也逐漸停止了。一位紳士穿著棕色僧侶般的連帽長袍走了出來，站在低矮的講台上。他是個高個子，我真的看不清他被兜帽遮住的臉。然後，至少有三十個戴兜帽的人走了出來，圍著大廳中央的鑽石圈。背景中有某種緩慢而黑暗的音樂。我回想起我在北美密蘇里州尼歐斯（Neosho）時遇到的情況——那座大莊園裡出現了每個都裸著身體的女孩，然後奇怪的事情發生了。

12.3 我過去的共濟會印象

現在遇到一些困難。我可能無法正確地完成所有對話，甚至無法以正確的順序排列它。這要追溯到一九三〇年代在聖莫尼卡的哈丁叔叔家。

「他們又在他的書房裡關起門來了。」我的表弟約翰對我說。「他們一開始在竊竊私語，後來卻大喊大叫；我們聽到了一些非常重要的事情。」

「『我們』是誰？」我問約翰。

「哈丁叔叔的三個女兒：維吉尼亞（Virginia）、梅賽德斯（Virginia）、波潔（Porsche）和我。哈丁叔叔對我爸爸真的很生氣，再次告訴他不要插手。」

「不要插手什麼，約翰？」我問。

他不理我，繼續說：「在這之前，上個月在哈丁叔叔家；又發生同樣的事情。他說他的湯普金斯叔叔，也就是我的爸爸，是一個『梅森』。」

「什麼是『梅森』？」

「不知道。這是一個令人毛骨悚然的團體，可能與你父親的好萊塢電影實驗室有關。你知道，在好萊塢聖莫尼卡大道附近的那座巨大的白色建築裡，你爸爸擁有數百人能將電影演員的語言翻譯成地球上的每一種外語的隊伍。他們還說，「梅森」早在一七六五年就組織了美國。我想他們說——僅僅在200年前。他們說共濟會是整個華盛頓特區的建築師和建設者組織。」約翰補充道。

「你認為那是為了什麼？」我問約翰。然後出乎意料地，我的腦海中又收到了一些來自外星的片段。「那可能是那年舉行的秘密共濟會慶祝活動。我相信這一定與梅森的秘密任務有關，這些任務與他們、與其他恆星行星的秘密組織的聯繫有關。」

「等一下，比爾，我沒聽錯嗎？那個是從哪裡來的？」

「我不知道，約翰。」我真的不知道。

我的評論是，這發生在很久以前，已經被遺忘多年。我不知道共濟會，直到我父親於一九六二年去世，他的第二任妻子發現了他的共濟會大金戒指。她不知道戒指的背景，直到它經鑑定，發現刻有象形文字，確定這是一個非常不尋常的33位階共濟會戒指。我們家裡沒有人知道他參與了共濟會，當然也沒有達到如此高的水準。哈丁叔叔也會是共濟會的嗎？

我記得在我父親最後一位妻子去世時，我繼承了聯合電影實驗室的照片。兩張照片都是在靠近入口的實驗室角落拍攝的。如果仔細觀察，會在一張照片中看到共濟會的標誌。另一張照片可能是在其他時間拍攝的，但共濟會標誌不見了。這有兩種可能性：1.照片標誌可能被移除。2.對於你們這些非信徒來說，外星人和梅森有時會植入只在他們想要出現的時候才會出現的影像。

12.4 我如何看待企業貪婪陋習？

由於公眾對外星人題材缺乏了解，缺乏接受度，我們遇到了一個巨大的問題。這是令人震驚的，因為在這個國家工作的不僅僅是許多受過良好教育的人，他們不想接受我們所處的現實，而且他們甚至參與了試圖使該計劃無效的活動——把活動板手扔進一個大計畫的齒輪轉盤中（意即搞破壞）。

甚至在道格拉斯、TRW 以及其他的一些公司（包括通用動力公司），一些高層人員對我們試圖做的一切都持否定態度。所以，你必須問一個問題：「為什麼我們在國家和整個軍隊的技術水平如此之高的情況下，發生如此多的破壞活動？」而且，當我們試圖幫助自己時，是誰告訴他們要試圖阻止一切，試圖拖垮一切？

但是，這些公司在執行軍事任務計劃的同時，也在執行其他可能允許公司取消軍方太空計劃的計劃，例如 Solar Warden。然後，這些人利用太空系統的所有進步，在軍事方面，發展出離開地球的能力，並在太陽系中的其他行星上開採材料、繼續進入銀河係到最近的十二個恆星（半人馬座阿爾法星是第一個）和採礦或提取材料並賺錢。

所有這些公司的頂級企業人士都在為軍隊工作，他們得到軍隊的報酬，他們正在與工業化的太空任務並行。他們用軍方支付的開發成本為私營企業部門賺錢。

奇怪的是，這就是我們發現自己的地方，因為這些公司正在使用由軍方開發和支付的所有最佳能力。這項技術開發已經為他們完成了。我們有公司對太陽系行星和其他恆星的行星進行平行任務，做同樣的事情。這個詞是貪婪。無論在財務上對公司有什麼幫助，這都是他們將資金投入的地方。這是他們要做所有開發的地方。

12.5 邪惡的人是如何變成銀河系的奴役？

在與我的律師第二次見面後，我走進了大樓的四樓，整棟大樓裡一個女孩都沒有。我的律師解釋說，除了一個之外，他們所有人都被綁架，被綁架到銀河系中成為性奴隸。幫派外星人把他們帶到配送中心評估以確定它們的價值，因為一些近乎完美的東西在外星人的易貨交易系統中被歸類為最　用的，並要求最高的價格。這種近百人的綁架，也是幾年前的事了。事實上，這些綁架事件在過去四十年中發生的數量相似。外星性奴隸暴徒已經在整個銀河系活動了數千年，甚至在數百個外星團伙之間展開競爭。他們都在使用奴隸船分發給其他恆星的行星文明。

很奇怪，奴隸制已經持續了這麼久，一個中世紀國家的相同結構——國王、王后、公主、所有的上層人物——可能同意法國或西班牙的集團，讓他們成為精英。這些精英成為他們國家人民的控制者，他們從不讓他們的人民過真實的生活，從不讓他們參與許多美好的事情。他們之中許多人都是奴隸。

因此，我們銀河系中的奴隸制生意是一項大生意。這是今天的一項重要業務。任何你想製造的東西，任何你想耕種的東西，任何你想建造的東西，都是由奴隸工人完成的。這就是今天發生的事情。這不是一百年前發生的事情。這種奴隸制已經持續了很長時間，需要被廢除。

二戰中的德國擁有龐大的地下設施，工人都是奴隸，甚至在戰爭結束、做出決定時，德國人繼續把UFO和每種武器上進行的所有的星開發生產設施，帶到了南極洲，他們還帶著他們的戰爭奴隸繼續他們的工作。因此，現今社會是有在地下工作的奴隸的，他們今天仍在南極洲的地下工作。

有各種各樣的奴隸制。令人難以置信的是，這裡有性奴役。有許多不同類別的人因性奴役而被綁架。綁架奴隸的人想要最優秀的人和最聰明的人，因為他們更有價值。我認為，他們綁架了四五個不同層次的人。他們綁架頂尖的醫學研究人員。他們綁架企業級的人，他們綁架最優秀的人，然後再向下走三個層次的人，這些層次決定了他們被分配到哪里工作。每個被綁架者都會被送到兩個星球，然後決定他們將被送到哪里工作。但這是一項龐大的業務。它已經持續了多年，我們無法確定這些人去了哪裡。

就像「正常」綁架一樣，我們不知道他們去了哪裡，因為他們中的大多數人不會回來。我們只是從少數回來的人那裡聽說了這件事。

12.6 「二十歲後」計劃如何運作？

成千上萬，不僅僅是少數人，成千上萬的人加入了美國這裡的海軍。他們報名參加了為期20年的美國太空海軍之旅。因此，這些人，無論男女，都接受了大量的檢查、大量的關於他們需要什麼的訊息。他們中的許多人去了月球、去我們在那裡的設施報到。然後經過組織、確定了他們要去的最佳地點，他們的標準是什麼，他們要發展的領域是什麼——有點像大學裡的課程。

他們會被短時間送到火星設施。其中一些被送到木星的月亮。我們在木星的一顆衛星上有一個大型設施。然後新兵被分配到一個特定的基地。他們在被分配到海軍巡洋艦或海軍攻擊車，甚至是海軍航空母艦之前，會在基地工作一小段時間。這些航空母艦非常大，有一、二或四公里長的級別。

我們有八個太空戰鬥群。因此，有足夠的空間供新人加入。因此，他們隨後進行訓練，其中大部分是在航天器或他們的支援船上。其中一些是補給船——這不像在戰艦上那麼有趣——但戰艦也需要資源補充，所以我們也需要補給船上的人。

在他們二十年訓練結束時，他們可以選擇再入伍二十年。或者他們可以選擇回到他們出生的地球，回到他們進入海軍的時代。

最終，這些太空水手決定要回家。此時，他們比入伍時大了二十歲、四十歲、六十歲……等等，而他們在太空海軍服役的時間已經過去了很多時間。因此，海軍的生物學年齡使他們回歸到他們入伍時的生物學年齡。這個過程需要幾個星期。在他們進行生物學年齡倒退的這段時間裡，他們在太空中最後二十年的幾乎所有記憶都被刪除了。海軍試圖完全刪除他們的服役記憶，但有些人保留了其中的一些。當這個年齡回歸和記憶擦除過程完成後，這些新兵現在比他們加入太空海軍時的年齡大了二十歲，但現在他們的生理年齡已經恢復到他們的入伍年齡，他們只有來自太空的原始記憶。他們入伍的時間。

現在，請記住，在那二十年中，他們與家人或地球上的任何人都沒有聯繫。這是「20後計劃」的要求。但他們仍然記得他們的家人。他們記得他們的朋友和他們曾經去看望的人，以及他們曾經擁有的一些女朋友。所以，他們回來了，但他們比離開地球時老了二十歲。所以，女朋友、男朋友、朋友和家人也都會老二十歲。出於這個原因，海軍要求名單中的參與者、太陽守望系統20年計劃的入伍者及時返回他們報名時所在的地方。入伍者在報到後的幾天內及時返回。換句話說，海軍要求這些太空水手時間旅行回到他們入伍後報到的時間。

這是一個很酷的系統。是吧？是的，這個系統現在正在運行，並且自一九八〇年以來一直以這種方式運行。

12.7　五十年後我的北歐秘書出現了嗎？

位於加利福尼亞州拉霍亞的瓦倫西亞酒店以其美妙的餐廳和從西面的窗戶可以欣賞到太平洋的壯麗景色而聞名。那天下午，我們的新公司陸洋「Land Ocean Systems, Inc.」的兩個業務合作夥伴和我一起招待一位重要的潛在客戶共進午餐。

用餐途中，我注意到一群大約十幾名女性進入酒店，令我驚訝的是，其中一個是驚豔的蒂芙尼，她是我在加州聖莫尼卡道格拉斯飛機公司工作多年的北歐秘書。我已經二十年沒見過她了，她看起來並沒有比我記憶中的大。一行人沒有進餐廳，卻看到蒂芙尼朝餐廳看了一眼。我敢肯定她發現了我，因為帶著淡淡的微笑和微妙的眨眼，承認她見過我。然後一行人繼續爬樓梯到上層。

我很難專注於商務談話，因為我很想吃完這頓飯，然後看看它是否真的是蒂芙尼。我們一吃完午飯，告別我們的客人，我就向我的搭檔傑森解釋了蒂芙尼是誰。

我們迅速爬上樓梯，來到第三層，來到一間坐滿女性的會議室。透過微開的門，我可以看到蒂芙尼和另一個女人站在隊伍前面。她正在講課，用雷射筆對準窗戶上的透明視頻屏幕。我從未見過這樣的電視屏幕。顯然，會議中有某種培訓計劃。

在走廊裡等了幾分鐘後，會議結束，女人們開始離開房間。奇怪的是，蒂芙尼不在其中，所以我們假設她和她的搭檔留在房間裡，收集會議的設備和用品。我們在外面等了一會兒，她還是沒有出現，於是我們進了房間，驚訝地發現裡面是空的。她和她的那群人去哪兒了？我們確信她沒有和其他女人一起離開，因為我們一直盯著她們離開房間。

我很失望我沒有機會再見到她，並對她是如何消失的感到困惑。好吧，也許並沒有那麼困惑，因為我相信她有能力自行消失，對她來說並不罕見。我想那次失蹤證實了她確實是蒂芙尼。也許我們會在某天某地再見面。

12.8 我近期的工作：朱姆沃爾特（Zumwalt）計劃

這個朱姆沃爾特計劃還涉及我的銀河海軍空間站，先進的航天器航母（重新設計），區域太空指揮艦。戰鬥巡洋艦、戰鬥機、登陸艦、驅逐艦、運輸機和後勤任務車輛的11種配置。

一艘非常不尋常的驅逐艦不是宇宙飛船，而是一種革命性的設計，融合了當前海軍先進的非常隱身的艦艇級別（完全隱形），它將是一九九〇年代海軍退役最後一艘戰艦。

而且，最重要的是，我們設計了一個三角洲（delta）配置平台，其中包含用於支持銀河戰鬥群任務的太空驅逐艦級操作系統。這種先進的「行星驅逐艦」意味著45%的技術開發推力和55%的推力支持TRW提議和推薦的太空戰鬥群驅逐艦。這些具有從太陽系到本地恆星運行半徑的範圍（計劃的太空戰爭區域）。緊隨一個裝滿TRW多樣化海軍太空任務車輛配置的大箱子，包括在TRW的舊三角洲太空戰火星/木星航天飛機（電磁種群）之後，（WMTompkins）最近還構思了下一代地球海美國海軍驅逐艦。在TRW進行的第一批配置研究是在一九六〇年代後期開發並指定為高級任務驅逐艦（AMD-1）。該計劃以前稱為DD（X）級並且是多用途的。它是為水面戰、反導彈和海軍火力支援而設計的。它被設計為一艘多任務艦艇，專注於對陸攻擊。後來改為DD-21，與我的型號相似，編號為21。甚至多年後，在一九九九年，它再次改為21世紀驅逐艦，編號為DD-21。幾年後，在二〇〇七年，它由國會資助為DDG-1000，朱瓦特級（Zumwalt）程序。這些大型驅逐艦中的第一艘於二〇一四年正在建造中。將建造三艘此類戰艦，它們長610英尺，是有史以來為海軍建造的最大驅逐艦。朱瓦特級的設計非常類似於內戰中使用的鐵甲戰艦。

朱瓦特級船體又長又低，船頭朝下以減少雷達信號。這艘船的電子設備和先進的傳感器隱藏在一個看起來像流線型砲塔的甲板室裡。該艦的甲板上還配備了一對155毫米火砲，可以發射火箭輔助砲彈，射程超過100英里。朱姆沃爾特計劃包含：TRW和位於馬里蘭州安納波利斯的海軍研究所、海軍發展中心（NDC）人員所開發設計的。

我的先進概念人員廣泛參與了這艘下一代驅逐艦的任務和設計。第一艘編號為 DDX-21 的無名艦船已重新編號為 1000，並命名為朱瓦特級。但在此之前，在一九五二年的道格拉斯秘密智囊團中，我構思將成為未來美國海軍的太陽銀河海軍銀河號戰艦。

朱瓦特級的低雷達信號使其能夠靠近岸邊、放下火力並離開。它還可以遠距離防禦並發射導彈。朱瓦特級還代表了海軍技術的進步，因為它的發電廠可以輕鬆快速地將電力輸送到艦船因戰鬥損壞而最需要電力的區域。將來，其中一些能量可能會流向無需重新裝彈的激光槍。即使沒有這樣的槍，朱瓦特級看起來也與海軍的主力阿利伯克級驅逐艦截然不同，後者有一根繩索桅杆和一個上翹的船頭。朱瓦特計畫將包含朱瓦特級驅逐艦、麥可·孟蘇爾驅逐艦（Michael Mansoor）和林登·貝恩斯·詹森驅逐艦（Lyndon B. Johnson）。每艘將耗資約84億美元。第一艘朱瓦特級於二〇一六年投入使用，並將駐紮在加利福尼亞州聖地亞哥的北島海軍航空站。

The first of three Zumwalt-class destroyers floats out of dry dock at the General Dynamics Bath Iron Works shipyard in Maine. U.S. NAVY PHOTO COURTESY OF GENERAL DYNAMICS

此 Zumwalt 影像照片與 Bill 的圖像一致

12.9 比爾·湯普金斯（Bill Tompkins）的雜項筆記

這些筆記是比爾做的，當時他正在考慮他打算寫的許多書中應該包括哪些主題。其中一些主題在本卷或他的第一本書「被外星人選中的科學家 1」中有更詳細的介紹。但是，我發現還有如此

CHAPTER 17.3 MUST DO STUFF LIST

1. New Plan. 4-27-05. Project Constellation - NASA , Navy , Marine, Crew Exploration Vehicle. WE HAVE BEEN GIVEN PROMISION TO LEAVE THE PLANET.
2. Prepair brefing plan
3. Contact Northrop Grumman Corporate – support for ships on Midway & Navy Ship Movie.
4. Contact SAIC--
5. Contact Admrial Jose Betancourt –
6. Contact Space Systems Admrial –
7. Contact General Keath Stalder –
8. Contact Navy Movie Group at the Pentagon in Washington D.C. -.
9. Contact Drictor Spealburg for movie--
10. Contact my Attorney on above Books & Movie Rites ,legal position.
11. Revue above and major News Paper and TV coverage of Collection with Reint Reinders.

1. Walker Pass - China Lake		
2. E.T. Collage in Southern Oregon		
3. The Mayors Daughter		
4. Upland Place and The Stardust Home		
5. Dr. Engle's and The China Lake Naval Weapons Test Center		
6. Dr. Pear St. Amond and CAL TEC		
7. Dr. John Walter Handen, Dean Texas A& M		
8. Councilman Rick Holt's Father In-law, Senator Berry Goldwater, Chairmen Appropriations Committee of DOD.		
9. Governor Roneld Reagon's Realestate Commissioner Bert Smith ,CEO Sothern . Calif. Finance Corp.		
10. W. M. Tompkins & Associates A.I.B.		
11. The ET's Inter-breading Program, and who they sell them two.		
12. My three PM Remote Viewing , it becomes verry clear.		
13. C4I sri in BIO		
14. Naval Reserve Center, Central Point Or. Thank Tank		10
15. Upland Place - Night Orbit In Coming massive UFO		12
16. C-118 From AMR, the Cape the UFO.		8
17. Fire ball over East San Frando Valley		7
18. The Key Club, Kit Cat Club, TGIF ,Escondido	Chapter	8
19. The Zombies from Vages	C	8
20. Dorenbockers Wives	C	8
21. The big truck at Von Brons Tower	C	8
22. The Total change to the Apollo ,MMI / the Elect Brochure / The SM42107	C	8
23. Manned Lunar Base	C	8
24. Post NOVA /Post APOLLO	C	8,9,10
25. Manned Missions, Mars, Venus, Mercury	C	8,9,10
26. Mars Base	C	8,9,10
27. Outer Planet Surface Landings	C	8,9,10
28. DAC,U.S.A.F. SAC Command Post	C	8,10
29. Design of NASA Mission Control Center, Johnson Space Center Houston	C	8
30. Deep space Missions Alpha Centauri - 1954,1969,2005	C	8,9,10
31. Why we stoped the 20,000 Man Moon Center ?	C	8
32. How did I get on Dr. Debase Launch Committee ?	C	8
33. All the Space Shuttle consepts at DAC,AD in 1954	C	8,10
34. All the under ground Centers @ DAC AD in 1956	C	8,10
35. The Comander 's last 7 years Central Point Oregon.	C	12
36. The Seawolf's Pacific Mission	C	12
37. TRW's Lasers and the Navys 747's		

62. Rocketdyne
63. TRW , List of Programs Chapter 10
64 Johnston Space Center ,Did he muddier President Kennedy ? ,to get NASA in Texas? Chapter 8.3
65 NASA Dr. Kurt H. Drbus
66 We will.— Our Navy will explore our closest star's solar system 's planets and fined there civelation far more advansed than us. And some planets will still be in the dinosaurs period .
67 ADM Hugh Webster ,Tell it all. 2003
68 NASA's Deep Space Operating Center
69 Alpha Senturi is a Twin Star A. and B.10010070 On missions to near younger stars our Navy will encounter Dinosaurs.
71 Admiral.. Pe Re Riis Maps
72 Contact Walt Kemper N L , X DAC 103 Pafier Mill Court ,. Office (415) 626 -3545 home (715) 883-3010
73 Dr. Debus Director of L.O.C. for NASA, his " WHOT IF LIST " and my " LAUNCH CHECKOUT LIST ".
74 While at TRW as one of my " hobbies I studded Architecture at Pierce Collage, under Edward H. Hume. He hired me to connive his most important clients destines.
75. The Parallel Universes and the String Theory
76. My trip to the Cape and the " By off " of the 1st. complex 39 Checkout Building with the black walls covered with mascots.
77. Designing the Huntington Beach Space Center and the Sacramento Test Center.
78. What is our position if we still have original, copies, etc of documents owned by Douglas, Northrop, etc and what is required to use the information?
79. What is required to authorize us to copy a list out of the back of a book (reference)
80. Do we have to ask each individual for consent to use real names?
81. Find out all the legal schemas stuff required to quote somebody (go to Barnes and Noble – look for example)
82. Need to review our documentation, names and business cards of the Navy League in Seattle, WA. Even the National President and Vice President. They discussed the ET at every meeting
83. There's a specific NL Nat'l VP who we had been discussing the ET problem with, who disclosed to me numerous ET vehicles operating from Area 51, which he personally witnessed. He is the individual who almost pleaded with me to meet him at the next Navy League Nat'l Convention, so he could explain my problem of the Ship CD (PowerPoint).
84. The NL presentation of the Ship Model Collection CD. What failed to take place here ?.
85. We need to be able to use the Ship Model Collection CD as a marketing tool, educational tool, etc.
86. The enormous underground ET facility east of Klamath Falls, Oregon. Rick Holt formed a two week working party to investigate the facility and was turned away under gunfire. (!)
87. New book — We will become third person and write this book as if we are ET's and have never inhabited Earth, etc.
88. We're first going to select a star's planet, that is fucked up. Then plan re-educating the most promising tribe (U.S.) We will penetrate into the minds of individuals, excite a small portion of their brain that isn't being used, influence that part of the brain, get it to not only accept change, but embrace it. Get them to become so enthused and interested, that they will implement the plans themselves, thus creating a far better life, love and world.
89. We have been thinking, acting as ET's for most of our lives, are we more than human (?) Conceiving designs and approaches, influencing coworkers, methods of achievement, dreams, being able to convince people (experts?) that the big picture is being missed.
90. Going back over your life and realizing that people, coworkers, etc are being 'helped'. People who aren't satisfied with just making the patty part of the whole hamburger, but need to understand how the whole meal is made, before they will contribute their part. These are the people who expand on the idea, improving a proven formula, etc.
91. Being fascinated with others, being drawn to others, sense a tremendous attachment to others, as if almost forced to inform others. Sometimes even thinking that it is imperative to inform these others. This is the way that it really is, just as if we were ET's from another galaxy, and our assignment to convince the public involved to change the ways of accomplishing things ' I am .DRIVEN ".

92. Naval Air Space Development Center (NADC) War Minister, Pennsylvania…..The captain (skipper) and the ET's.
93. Colonel Joe Guthrie, Big Red the General's daughter. Beverly Hills hotel with the rocket strapped on his back and ET's. Hustler to land on the Navy's Landing Assault Air Craft Carrier (the Air Force test pilot).
94. Put together a contract for 5 books (example) with us as co-authors, after which time we become 'free agents', able to write whatever we want.
95. Crystal City and the Six Admirals Towers, Complete hard Site under ground City borred out of solid rock. Built by President Reagan's Star Wars Program in the 1960'5.
96. Star Wars, much more than just a anti missile.
97. Lindberg, Nazi Party movement1929, tip of the Ice Berg
98. The Buildeburgers, Try laterals and the thrust from space. Which ET's???
98. List technical originations that I belong to that I belong to.
99 Revue the several hundred vast underground ET facilities in the US. Caption

這是比爾·湯普金斯（Bill Tompkins）的主題列表，他希望在他聲稱希望編寫的多卷書中涵蓋這些主題。

諸多未涵蓋的主題，這可能表明他確實對每一個主題都有幾句話要說，也可能證實這些主題要探討的內容，是真有其人其事的。

（Ed.- 這四頁是由比爾創建的，在我們看來，當他在二〇〇〇年代初期與幾位可能的編輯打交道時。他曾設想根據他的一生經歷創作幾本書，這些是我們認為的主題 他想確保涵蓋。其中一些在他的第一本書「被外星人選擇」中討論過，其中一些在你正在閱讀的本卷中討論過。我們相信這些主題代表了他對它們進行詳細闡述的計劃。

上面顯示的他的話很明顯，比爾不是一個好的拼寫者。我們的編輯任務包括糾正比爾所犯的拼寫和語法錯誤，同時準確地保留他的信息意圖。）

國家圖書館出版品預行編目（CIP）資料

外星人選中的科學家. 3, 外星太空戰計畫 / 威廉.米爾斯.湯普金斯(William Mills Tompkins)著 ; 傅鶴齡譯.
-- 初版. -- 新北市 : 大喜文化有限公司, 2022.10
面 ;　公分. -- (星際傳訊 ; STU11003)
譯自 : Selected by extraterrestrials volume 2

ISBN 978-626-95202-7-5(平裝)

1.CST: 湯普金斯(Tompkins, William Mills) 2.CST: 不明飛行體 3.CST: 回憶錄 4.CST: 美國

785.28　　111015736

星際傳訊 STU11003

外星人選中的科學家③

外星太空戰計畫

Selected by Extraterrestrials: My life in the top-secret world of UFOs, Think Tanks, and Nordic secretaries

---

作　　者：威廉．米爾斯．湯普金斯（William Mills Tompkins）
譯　　者：傅鶴齡
發 行 人：梁崇明
出 版 者：大喜文化有限公司
封面設計：大千出版社
登 記 證：行政院新聞局局版台省業字第 244 號
P.O.BOX ：中和市郵政第 2-193 號信箱
發 行 處：23556 新北市中和區板南路 498 號 7 樓之 2
電　　話：02-2223-1391
傳　　真：02-2223-1077
E-Mail：joy131499@gmail.com
銀行匯款：銀行代號：050　帳號：002-120-348-27
　　　　　臺灣企銀　帳戶：大喜文化有限公司
劃撥帳號：5023-2915，帳戶：大喜文化有限公司
總經銷商：聯合發行股份有限公司
地　　址：231 新北市新店區寶橋路 235 巷 6 弄 6 號 2 樓
電　　話：02-2917-8022
傳　　真：02-2915-7212
出版日期：2022 年 10 月
流 通 費：新台幣 380 元
網　　址：www.facebook.com/joy131499
I S B N：978-626-95202-7-5